The Classic Resort

欢迎光临
世纪经典
度假村

[日] 石井至 / 著

林丽秀 / 译

北京联合出版公司
Beijing United Publishing Co.,Ltd.

在完全不会被打扰的乐园里尽情地放松休息

入住历史悠久、故事脍炙人口的度假村

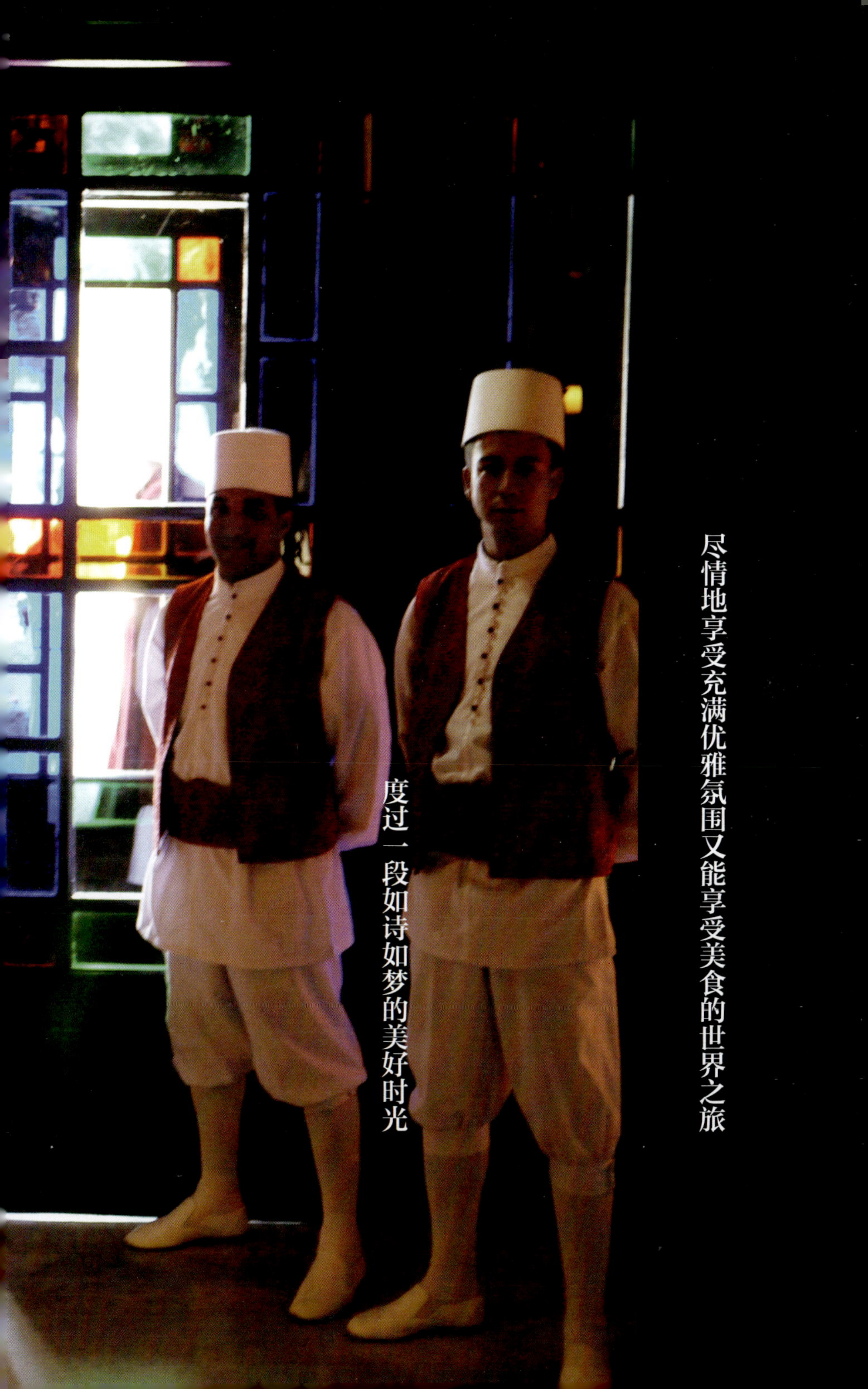
尽情地享受充满优雅氛围又能享受美食的世界之旅
度过一段如诗如梦的美好时光

开始环游世界寻找度假村的时候，我曾想过："世界上最棒的度假村在哪里呢？"

世界上确实有数不尽的经典度假村，想寻找适合休闲度假、蜜月旅行、周年纪念活动的场地，其实并不困难吧！我很想去却没去过的地方非常多，一直觉得时间不够用。

另一方面，由于工作关系走遍世界各地的过程中，我终于发现，世界各地确实存在着非常经典但还不被很了解的度假村。那些是我旅途中偶然发现，或熟知当地的人告诉我的。

既然这么有兴趣，不如干脆以探访世界各地度假村为工作吧！因此兴起出版旅行指南的念头，于是从2009年开始通过自己经营的公司，出版书名为《日本人のあまり行かない世界のセレブ・リゾート》（《日本人难得造访的世界知名度假村》）的书籍，到目前为止已经出版了6本。

那么，世界上最棒的度假村到底在哪里呢？

答案至今未定。不过我认为，至少要具备"设备舒适温馨""服务热诚周到""餐点健康美味""Spa设施水准高又有特色"四大要素，才能够称之为世界最高水准的度假村。但这些毕竟是我个人的认定标准，重点是这些要素都与热爱旅行的女性朋友们的需求不谋而合。

撰写本书时有点贪心地希望能纳入更丰富的内容，因此对另一个要素也很重视，希望介绍的度假村背后都有与历史人物有关或有让人禁不住传颂的故事。

书中也不乏以故事优先，不符合前述标准，但建议读者们有机会一定要造访的地方。

contents

第2章

Hotel Du Palais
Shangri-La Hotel Paris

王妃的美丽庄园

第**4**章

Uma by Como
Chiva Som

王公贵族的养生
休闲胜地

087 穿越时空重返幸福国度
科莫集团经营的乌玛度假村

102 皇家城市饭店的"瘦身美食"
奇瓦颂度假村

专栏 2 **108** 传统美食与经典饭店

第5章

5

Punta Cana
Moka Hotel

被殖民的岛屿

第**6**章

Mena House Hotel
Duzdag Hotel

将军的庭园

7

第 **7** 章

Caesars Palace
Crockfords Club

贵族的赌场

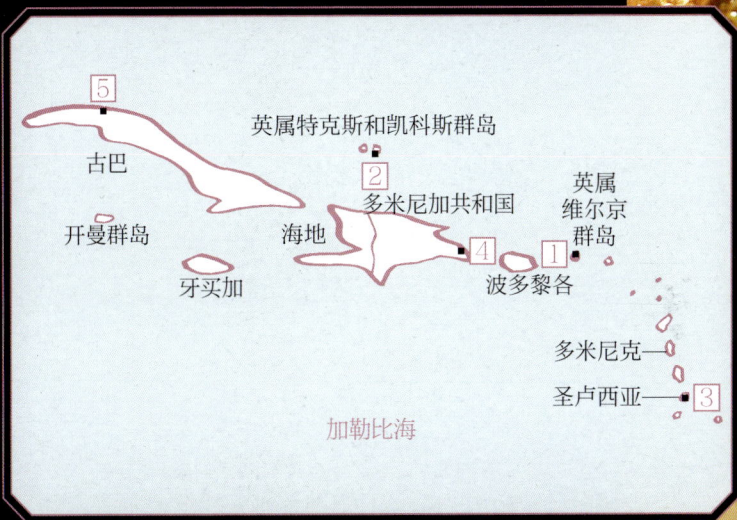

英属特克斯和凯科斯群岛

⑤ 古巴

开曼群岛

海地

牙买加

② 多米尼加共和国

英属
维尔京
群岛

④ ① 波多黎各

多米尼克——

圣卢西亚—— ③

加勒比海

① 小迪克斯湾

② 鹦鹉洲

③ 拉德拉

④ 蓬塔卡纳

⑤ 莫卡饭店

英国

德国

6

2

法国

1

黑海

阿塞拜疆共和国

西班牙　阿尔巴尼亚————

亚美尼亚——

希腊　纳希契凡自治共和国—

土耳其

5

地中海

摩洛哥

3

4

埃及

1 皇宫饭店

2 香格里拉

3 马穆尼亚

4 米纳饭店

5 达斯达格饭店

6 克洛克福兹俱乐部

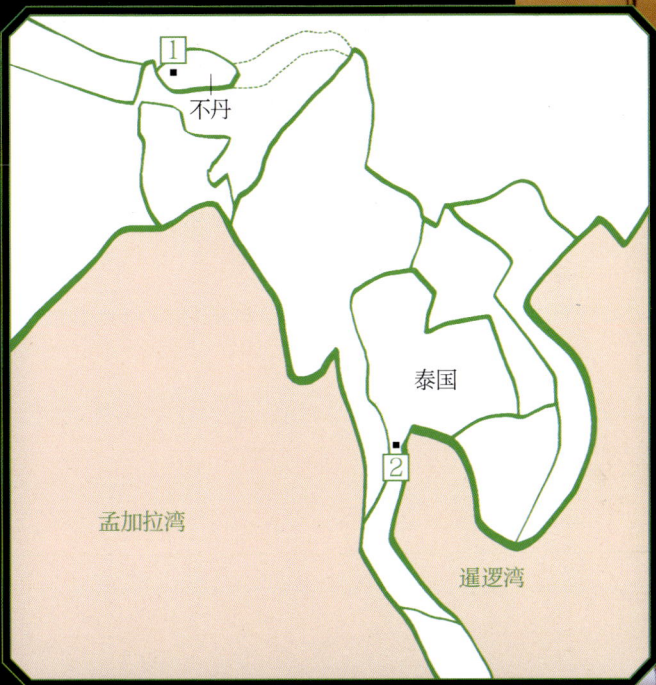

不丹

泰国

孟加拉湾

暹逻湾

1
科莫集团经营的乌玛度假村
2
奇瓦颂度假村

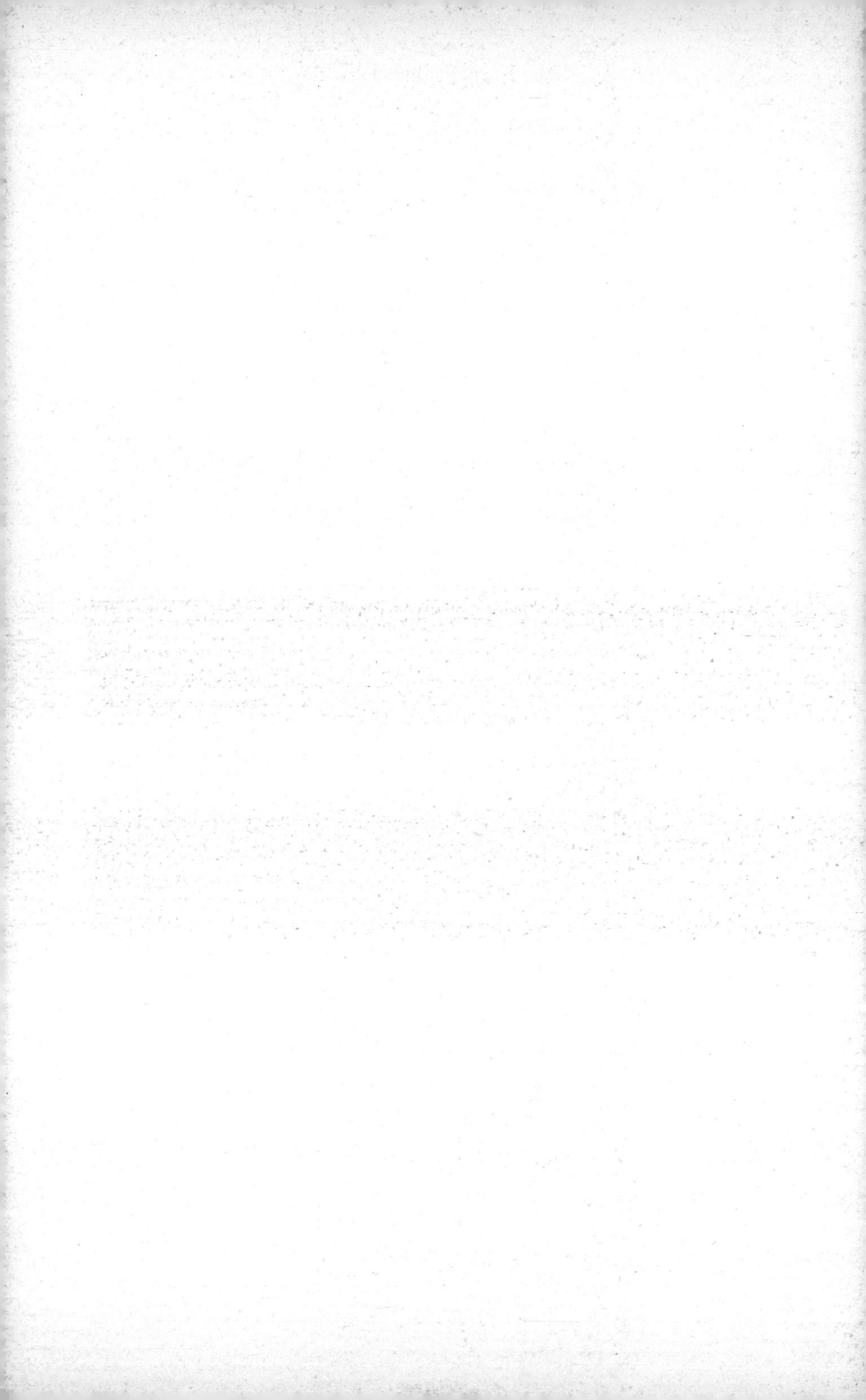

第 1 章

Rosewood Little Dix Bay
Parrot Cay

大富豪的別墅

002

小迪克斯湾
（英属维尔京群岛）
Rosewood
Little Dix Bay
（British Virgin
Islands）

洛克菲勒的海滩

　　加勒比海周边有非常多美丽的休闲度假胜地。加勒比海地区的休闲度假岛屿通常都有来自纽约与迈阿密的直飞班机，来自纽约的班机飞航时间约3小时，迈阿密的直飞班机一个多小时就能抵达当地，因此美国的许多有钱人一放假就会来到加勒比海度假。

　　加勒比海的休闲度假胜地之中，位于英属维尔京群岛（British Virgin Islands，以下简称BVI）的维尔京戈尔达（Virgin Gorda）岛上的小迪克斯湾（Little Dix Bay），可说是历史最悠久且最具代表性的度假胜地。该处原本是洛克菲勒家族自行开发建盖别墅，提供家人使用的度假村。

跨足石油与金融，
20世纪财力最雄厚的大富豪

一听到洛克菲勒，就想起美国纽约第五大道洛克菲勒中心的人想必不少。冬季期间在第五大道上溜冰，就是最具纽约冬季象征的画面。

世界公认最富有的大财团洛克菲勒家族是19世纪后半期由约翰·洛克菲勒（John Rockefeller）一手打造。约翰生于纽约贫穷家庭，但他通过自己的努力、节俭与投资炼油事业而迅速地累积财富，设立标准石油（Standard Oil）公司。就日本的石油公司而言，过去的日本石油、埃索（Esso）、美孚（Mobile）等，都是标准石油旗下的事业。

听到以上叙述后，读者们或许会认为，约翰只不过是正好搭上时代潮流的顺风车罢了，但约翰绝对不是暴发户。约翰的母亲伊莉莎是一位非常虔诚的浸信会（Baptist，新教的宗派之一）教徒，约翰深受其影响，据说从年轻的时候开始，就将收入的1/10捐给该教会，因此他也是一位肯慷慨解囊的慈善家。

1964年完成建设

005

LITTLE DIX BAY

006

设施范围内随处可见茂密又修剪得很整齐的热带植物

约翰之弟威廉·洛克菲勒（William Rockefeller）是花旗集团前身的国家城市银行（National City Bank）创始人之一。约翰之孙大卫·洛克菲勒（David Rockefeller）则是长期任职于大通曼哈顿银行（Chase Manhattan Bank），相当于现在的摩根大通集团（JP Morgan Chase & Co.）的总裁。

也就是说，洛克菲勒家族是跨足石油与金融业界的大财团。

创始人约翰的孙子辈除了大卫之外，还有4位兄长，劳伦斯·洛克菲勒（Laurance Rockefeller）就是其中之一。劳伦斯曾任纽约证券交易所主席等职务，也非常重视环保，曾经在世界各地打造活用大自然生态的别墅。

小迪克斯湾就是其中之一。

避税天堂

哥伦布发现维尔京群岛后，其所有权在欧洲强国之间辗转易手，17世纪后期开始，其中一部分成为英国的属地（直到现在还分为英属维尔京群岛与美属维尔京群岛），后来和加勒比海沿岸的其他岛屿一样，从非洲引进奴隶从事甘蔗生产，制造朗姆酒。20世纪60年代成为自治区，改变了产业型态，由甘蔗岛转型为提供观光与金融服务的岛屿。

加勒比海金融服务业的领头羊为开曼群岛。开曼群岛曾经为英国领土，成为金融服务根据地的原因犹如都市传说。18世纪末，英国王子搭船行经开曼群岛时遇难，当地人救了王子一命，于是英皇乔治三世下令豁免当地税赋以报答救子之恩。开曼群岛自此成为一座不需要缴纳个人所得税与公司税赋，金融服务业蓬勃发展的岛屿。20世纪60年代，开曼群岛已经成为举世闻名的"Tax Haven"（避税天堂）。

英属维尔京群岛（BVI）紧接着发展成金融服务重镇。劳伦斯·洛克菲勒投资建设小迪克斯湾，很可能是已经事先得知英属维尔京群岛很快就会循着开曼群岛途径蓬勃发展的资讯。

"那是赚进大把钞票的人不想缴纳税金，用于隐藏财富的地方"，一听到避税天堂就产生这种联想的人想必不少吧！英属维尔京群岛与开曼群岛也经常登上日本经济事件的版面。

但是，目前即使在英属维尔京群岛成立空壳公司用于隐藏财富，经过调查还是马上就会被发现。日本税务当局的调查能力绝对不容小觑。

言归正传吧！

小迪克斯湾于1964年完成。2014年是非常值得纪念的50周年，但往前追溯约20年，即1993年，瑰丽酒店＆度假村（Rosewood Hotels & Resorts，以下简称瑰丽酒店）集团被洛克菲勒家族收购后，已经成为瑰丽集团旗下品牌饭店。

当地人"推荐的饭店"

这是在欧美各国有钱人之间非常有名，在日本却丝毫不具知名度，只是我偶然间发现的一家饭店。

过去有一段时间，我曾为了帮助加勒比海小国调度资金，走遍加勒比海的一座座岛屿。当初合作的律师事务所就位于英属维尔京群岛的首府罗德城。第一次造访

渡轮是联系英属维尔京群岛首府罗德城的交通命脉

该律师事务所时，我从东京出发，辗转换了3班飞机，经过了24小时的飞行才抵达当地。

饭店已事先预约，是那家律师事务所推荐的饭店。

这是一趟长途飞行，抵达该饭店时，见到的是只够一个人容身的狭小柜台里站着一位体态纤瘦的妇人。"房间已经为您准备好了，请自行搬运行李，恕本饭店无法提供相关服务。我来为您带路。"说着就走出柜台，往建筑物外走去。我连忙跟在妇人身后，走上一条状似土堤、两旁杂草丛生的坡道，听说上面就是我要住宿的房间。我突然有点却步，但事到如今也只能拖着重重的行李箱上气不接下气地继续跟着往坡道上走去。

打开房门，里面有点阴暗，到处都是蜘蛛网，地板上有成群结队的蚂蚁在爬行。国外饭店的客房光线通常比较暗，小蚂蚁四处爬行是南方热带国家很常见的光景，蜘蛛结网则很少见。

经过长途飞行，来到这里已经筋疲力尽，没有力气再去请对方更换房间。而且，就当时情形看来，我认为并不是那个房间比较特别，恐怕其他房间也到处都是蜘蛛网吧！

总之，先休息一下再说。于是就伸手转了一下洗澡间的水龙头。咦？没水？心想，冷热水龙头或许是需要分别打开吧？因此又伸手开了热水龙头，也没水，也就是说，本来就没有热水。

律师为什么帮我推荐环境这么差的饭店呀？到了晚上，我终于恍然大悟。

当然不是律师故意要整我。因为，当我准备吃晚餐而前往饭店附设的餐厅时，发现餐厅里已经座无虚席。听说那是一家专门提供当地美食而颇受欢迎的餐厅。律师是当地人，所以当然不会入住该饭店，他推荐该饭店或许是着眼于"那是一家会提供美味料理的饭店"吧！也就是说，律师帮我推荐了距离事务所比较近的一家"好"饭店。

第二天，为了洽商事情，我从饭店步行前往路程约十来分钟的律师事务所，结果一见面就被问道："那家饭店怎么样呀？"律师满脸得意神情，就他的神情应该是要问我"不错吧？看我帮你订了环境好又便宜的饭店"。我实在不好意思说出实情，只好虚以委蛇地说了一句"还不错啦"。

014

希望在白色沙滩的树荫底下悠闲地看书

向看起来很有钱的白人们学习

不过，我也不是一个容易凑合的人。为了下次的再次造访，我必须找一家环境条件好一点的饭店才行。

洽商事情后，回饭店途中我无所事事地在罗德城街上闲逛，看到几十位充满度假气氛的白人往我的方向走来，怎么回事？我朝着人群走过去的方向看去，发现海岸边停着一艘渡轮。不是豪华邮轮，是当地的渡轮。我信步走向渡轮码头，朝着码头上的人问道："这是开往哪里的渡轮呢？"得到的答案是开往附近的维尔京戈尔达岛，而且20分钟就能抵达该岛。

也就是说，搭乘渡轮航行20分钟抵达的另一座岛屿，那里就有白人们投宿的气派饭店。

希望在完全不被打扰的状况下
悠闲地度假

果然不出所料，的确是非常豪华气派的度假村。我过去后，就发现了小迪克斯湾（Little Dix Bay）饭店。

016

视野辽阔的水疗设施泳池

新月形白色沙滩上摆放着躺椅，皮肤晒得红通通的富豪白人老夫妇戴着太阳眼镜躺着看书。交谈时听说他们已经在这里待了两个星期。这次我是专程造访律师事务所的超短期停留，假使能忙里偷闲有较长的假期，我一定要到这里来好好地度假。

来到这里一定不会碰到日本人，就我个人而言，这一点比什么都重要。我造访小迪克斯湾是2008年，当时不仅不会遇见日本人，在当地连亚洲人都不会碰到。

希望到一个没有人认识自己、完全听不懂日语、去哪里都不会被打扰、可以悠闲自在地度假放松的地方，对于有这种想法的人来说，这处度假村再合适不过了。

鹦鹉洲
（英属特克斯和凯科斯群岛）
Parrot Cay
（Turks and Caicos Islands）

好莱坞大明星的隐秘度假处

在加勒比海的休闲度假胜地之中，最重视个人隐私，各方面的服务品质皆一流，可让人充分放松，着重于这几点的人，最想为您推荐的是英属特克斯和凯科斯群岛的鹦鹉洲。

英属特克斯和凯科斯群岛，一听到这个地名就说"噢，那里的确很不错"的人，应该是非常喜欢休闲度假的人吧！整座岛都是度假区，一般人到不了。除了饭店设施外，岛上还有美丽的庄园，是美国大富豪与好莱坞明星们经常造访的知名休闲度假胜地。

事实上，英属特克斯和凯科斯群岛并不是国家的名称，那是由特克斯群岛与凯科斯群岛构成，是英国的海外自治区。特克斯群岛由许多小岛构成，凯科斯群岛则是由一些面积较大的岛屿构成。英属特克斯和凯科斯群岛位于古巴东边，多米尼加共和国的伊斯帕尼奥拉岛（Ispayola）北边。

这里由40座珊瑚岛礁构成，大部分为无人岛，只有8座岛屿有人定居。岛上建设了国际机场的是凯科斯群岛的普罗维登西亚莱斯岛（Providenciales）。除可从伦敦前往外，纽约、迈阿密、多伦多等地都有直航班机可前往。搭乘私人飞机前来的游客也不少，因此也配合私人飞行提供停机坪与相关服务。

事前联络，饭店就会派人前往机场接机。机场至码头约15分钟车程。由码头搭乘高速船，20分钟左右即可抵达鹦鹉洲。

"西印度群岛的小岛与岩礁"

岩礁（cay）一词意思为小岛，字典中记载为"珊瑚礁或沙等构成的西印度群岛中的小岛或岩礁"。

加勒比海的高级饭店设施
床铺都挂着漂亮幔帐

当初，"发现"美洲新大陆的哥伦布航行到加勒比海时，误以为"抵达印度"，"发现"目前所谓的印度后，才将朝着西边行驶而发现的"印度"（加勒比海各岛屿）称为"西印度群岛"，将目前的印度邻近地区称为"东印度"。东印度概念范围大于目前的印度，是广泛涵盖印度尼西亚、菲律宾、马来西亚等国家的名称。

有一次，我需要写信给住在多米尼克（与多米尼加共和国是截然不同的两个国家）的朋友，确认住址时问对方"地址最后需要写上West Indies吗"？对方却不以为然地回答"确实有这种说法，不过不写也没关系，只写Commonwealth of Dominica信也会送到"。由此可见，那未必是当地人喜欢的写法。

即使发音和意思都与key一样，"cay"（读音与"钥匙"的英文单词一样）一词英文字典上的说明是"美国佛罗里达周边海洋上的小岛"。这部分似乎不是西印度群岛才有的说法，显然是"佛罗里达"特有。总之，小岛就叫作"cay、key"。

整座岛屿都是休闲度假胜地

鹦鹉洲整座岛屿都是休闲度假胜地。在区域内散步，就会发现"自然"景观非常漂亮，树木整齐生长，随处都能看到缤纷绽放的花朵，漂亮得有点超乎寻常。

据说当初这座岛上几乎看不到任何植物，树木与花草都是费尽千辛万苦栽培出来的。道路两旁的植物，都是整整齐齐地沿着道路生长。

话虽如此，置身于海边的小别墅时，碧绿的海洋、蔚蓝的天空、白色沙滩近在眼前，放眼望去根本看不到人影，四处静悄悄的，只听到海浪与海风吹过的声音。默默无闻的我对于隐私不需要那么敏感，但或许是由于一直生活在人口密度很低的北海道，沉浸在宁静浩瀚的大自然中，待在如此安静的别墅里，内心感到格外的平静、踏实。

整座岛屿都是设备完善的度假村

走出别墅，来到沙滩上，
眼前就是浩瀚无垠的大海

按摩业界的哈佛大学

但是只拥有环境清幽隐密又充满美丽的大自然这两个条件，还不足以称为世界一流的度假村，还必须有"卖点"。鹦鹉洲的最大"卖点"是水疗设备。设备当然很气派，施术品质更是不同凡响。我对世界各地随处可见的普通水疗项目丝毫不感兴趣，充分运用当地素材的水疗设备才能引起我的关注。例如，必须前往法国布列塔尼地区才能享受到使用法国盖朗德盐（Guerande）的水疗设施服务，就能让我产生浓厚的兴趣。

不过，就我个人的意见，按摩疗法技师必须是泰国人，而且最好出身于卧佛寺（Wat Pho）。卧佛寺是位于泰国曼谷的寺院，自古以来以泰国传统按摩法维护泰皇的健康，于19世纪公开，20世纪于卧佛寺设立专门传授该秘技的学校。卧佛寺的按摩学校被誉为"按摩界的哈佛大学"。因此，世界各地的一流度假村都争相聘请卧佛寺的毕业生。

在鹦鹉洲工作的按摩疗法技师以泰国人居多，卧佛寺的毕业生也不少。毕业于卧佛寺的泰国籍按摩疗法技

充满芳疗气氛的水疗区大厅

往来机场的交通为船舶，黎明前退房可欣赏日出美景

加勒比的早餐为水果，
状似款冬梗的粉红色食材是用糖浆腌渍过的大黄

师能活跃于世界各地，不必担心找不到工作。

前往鹦鹉洲时，我一定会指定卧佛寺出身的泰国籍按摩疗法技师，接受一项名为热河石按摩的服务，尽情地享受全身涂抹芳香精油后，让表面平滑又温热的石头在身上滚动，深入肌底缓解紧绷与疲惫的按摩服务。

鹦鹉洲地区除供一般游客住宿的饭店外，也有私人拥有的庄园，美国的许多知名人士都在当地拥有美丽的庄园。经当事人许可，由饭店方面公开住宿过的知名人士只有服装设计师唐纳·卡兰（Donna Karan）。布拉德·皮特与安吉丽娜·朱莉家族显然也住过当地的美丽庄园。此外，英勇无敌、不管怎么打斗都不会死去的好莱坞明星也曾经拥有过当地的庄园。我曾经请求相关人员让我偷偷地溜进去看过，发现我去的是一座必须在玄关脱鞋才能进入屋内的日式庄园。

第 2 章

Hotel du Palais
Shangri-La Hotel Paris

王妃的美丽庄园

032

皇宫饭店 （法国） Hotel du Palais （France）	拿破仑三世与 皇后曾经住过 的宫殿

我从事旅游指南出版工作期间，经常突然接到必须前往陌生地点采访的工作，有时候去伊朗的旅行社，有时候必须前往非洲安哥拉共和国的饭店采访。

有一次，我突然接到来自法国的采访邀约，委托人是位于法国西南部、西班牙边界附近沿海地区的比亚里兹（Biarritz）的高级饭店。

该饭店曾经为拿破仑三世与皇后欧仁妮（Eugenie）的夏宫，因此取名皇宫饭店（Hotel du Palais）。名称为法语发音，Hotel的"H"不发音。"HERMES"也一样，法语发音时"H"也不发音。

拿破仑三世

那么，拿破仑三世又是谁？与鼎鼎大名的拿破仑又是什么关系呢？

查阅过世界史相关书籍后得到答案，拿破仑三世就是那位曾经叱咤风云的拿破仑的侄子，即他弟弟的儿子。

拿破仑[姓拿破仑，名波拿巴（Bonaparte）]最后登基成为皇帝，除英国与瑞典外，几乎整个欧洲都在他的掌管下。但诚如盛极必衰的道理，几经波折后，拿破仑还是被流放到非洲孤岛圣赫勒拿岛（Saint Helena）上，于1821年去世，享年50岁。

拿破仑三世（别名路易·拿破仑）也由于伯父拿破仑权力式微而被放逐国外，家人分崩离析，被关进德国、瑞士、法国的牢房里，辗转被流放到美国、英国等地，有过一段非常悲惨坎坷的际遇，1848年，即40岁的时候，拿破仑三世当选议会议员，不久后即当选总理。

拿破仑三世当选总理后，只是一个权力微薄的傀儡总理，他当然不会满足于该权位，因此，1851年底即发动政变，一口气逮捕了其他颇具声望的政治家后送进牢房里。隔年旋即制定强化总理权限的宪法，甚至即位成为皇帝，自称拿破仑三世。

矗立在一望无际的大西洋海边

035

拿破仑三世与女性的关系也很精彩，但始终维持单身，直到1853年，44岁时才与西班牙贵族之女，当时年仅26岁的欧仁妮结婚。婚后与欧仁妮一起避暑共度美好时光的地方就是皇宫饭店（Hotel du Palais）。

顺便一提，最后拿破仑三世于婚后17年，即1870年由于普法战争（注）失败而逃亡伦敦。1873年病死，享年64岁。妻子欧仁妮于丈夫死后依然住在英国，1920年辞世，为94年的精彩生涯画下句点。

超越五星级的豪华大饭店

皇宫饭店是一家华丽无比的饭店。

这是拿破仑三世脱离坎坷曲折的人生谷底，摆脱牢狱生涯，即位成为皇帝，登上人生最高峰，与心爱的女人前往避暑共度美好时光而建盖。因此，单凭想象就能了解到，那是一栋座落地点绝佳、装潢布置极尽奢华的建筑物。

注：普法战争（1870~1871年），普鲁士王国为了统一德国并与法国争夺欧洲大陆霸权而引发的战争。

古色古香的建筑物
经过精心修理
而重生

PALAIS CONSTRUIT
POUR
L'EMPEREUR NAPOLEON III
ET L'IMPERATRICE EUGENIE
1854-1856

Restauré et transformé en Hôtel
1893-1894

Incendié le 1er Février 1903

为了与欧仁妮一起生活而建造

038

获得米其林一星级评价的主餐厅

从精雕细琢的客房陈设布置，就能看出这栋建筑与拿破仑三世的渊源，例如，客房里的水晶吊灯上就烙印着彰显拿破仑家族的"N"字家徽。

目前，法国设有非常严格的饭店评鉴制度，针对五星级以上超豪华饭店颁发"Palace"（皇宫级）标章，至2015年10月为止，已有16家出类拔萃的顶级豪华饭店获此殊荣，2011年初次评鉴时，只有18家饭店，这家饭店就是其中之一。

深受敬仰被尊称为"老师"的主厨

穿过饭店入口后继续往前走，很快就来到饭店里命名为欧仁妮庄园（Villa Eugenie）的主餐厅。这是米其林一星级餐厅，是我最喜欢的餐厅之一。进入餐厅后，第一个让我感到惊讶的是窗外的景色。餐厅面对的就是一望无际的大西洋，让我激动得目瞪口呆。

接下来，料理的美味程度又再次让我感到惊讶。主厨让·马里耶·戈蒂埃（Jean Marie Gautier）是当地响当当的大人物。他热心教育，对后辈的照顾提携不遗余力，致力于培养料理人才而被年轻一代的料理人尊称为"老师"。

香格里拉（法国）
Shangri La Hotel Paris（France）

巴黎最美的"王子府邸"

巴黎有非常多很经典的饭店。

丽兹饭店（Hotel Ritz）就是一家装潢美仑美奂宛如宫殿（撰写本书时正在进行大规模装修）一般的饭店，客层卓越非凡。住宿游客以非洲与中东地区的王公贵族为主，用铜板作为小费（不超过2欧元）的人大概只有我一个吧！其他游客通常都是以纸钞为小费（至少5欧元）。尽管如此，我还是经常入住，不会因此感到难为情。插入好像上个世纪流传下来的大钥匙，想要打开房门需要一些诀窍，但现在我已经能驾轻就熟地顺利打开。

喜欢可颂面包的人建议您一定要入住皇家蒙索饭店（Royal Monceau），装潢非常经典，早餐时段就能享用到因为马卡龙而声名大噪的皮耶·艾曼（Pierre Herme）制作的可颂面包与丹麦面包。吃过他制作的可颂面包后，再也不想吃别人制作的了。因为无论面粉还是奶油的味道都不一样。此外，该饭店就在凯旋门走路就能到达的地方，交通非常方便。

除此之外，巴黎还有很多住起来很舒适或装潢布置得很时尚的饭店，我曾住过各式各样的饭店。不过有一次，一位长相甜美可爱，名叫玛丽·乔（Marie Jo），从事威士忌评论工作（不是葡萄酒评论员哦）的当地女性朋友曾经对我说：

"目前，巴黎最美的饭店不再是丽兹、富凯（Fouque Hotel）饭店，而是香格里拉。因为入住该饭店，感觉就像住进美术馆。"

路易十四世建筑风格的"高贵宅邸"

那是一家只规划81间客房，小巧经典的饭店，原本为拿破仑的侄孙罗兰·波拿巴（Roland Bonaparte）王子的府邸，经过全面大翻修后才改造完成，因此又被称之为王子庄园（Prince's Estate）。

皇宫饭店单元中介绍过的拿破仑三世是拿破仑弟弟的儿子（拿破仑的侄子），香格里拉饭店单元中介绍的是拿破仑的另一个弟弟。

不愧是见多识广的玛丽·乔中意的饭店。香格里拉饭店的设备都很新，但内部是精心打造得美仑美奂的传统装潢。向饭店人员打听后得到的答案是"路易十四世风格"。"那又是什么风格？"对毫无历史素养的我而言，简直是对牛弹琴，因此赶紧查阅了相关资料。

法国大革命发生时，被处死的是法国国王路易十六世，前一任国王是他的祖父路易十五世，再往前推算一任的国王路易十四世则是路易十五世的曾祖父。路易十四世在位期间是路易王朝最兴盛的时期。在位长达72年的路易十四世是以"中世纪以后在位期间最长的国家元首"名列吉尼斯世界纪录的人物。

换句话说，"路易十四世建筑风格"指的就是路易王朝鼎盛时期建盖，不惜工本，极尽奢华的建筑样式。

拿破仑侄孙府邸全面大翻修后改造而成

宛如美术馆的馆内装饰

路易十四世风格的内部装潢

和皇宫饭店一样，香格里拉饭店内部装潢随处可见
N字家徽，充满着高贵典雅的氛围。

饭店内的餐厅充实程度堪称巴黎第一

可惜这里不适合逛街购物，因为香格里拉距离香榭
丽舍大道有点远，步行前往需要花一些时间。

相对地，整座饭店设施位于非常宁静的区域。隔着
窗户就能看到埃菲尔铁塔，可以在大阳台上边喝香槟，
边眺望埃菲尔铁塔，尽情地舒缓身心，是最适合轻松优
雅地度假的饭店。

其次，饭店里的餐厅充实程度足以名列巴黎第一。

荣获米其林一颗星殊荣的法国料理餐厅"L'abeille"
和同样获得米其林一颗星的中华料理"香宫"，以及可
享受亚洲料理或喝下午茶的"La Bauhinia"等的菜色都
很美味可口。

入住被誉为王子庄园的美丽饭店，就能享受到亚洲
高级饭店特有的无微不至的服务。总而言之，这些都可
说是玛丽·乔推荐的香格里拉饭店的特征吧！

巨细靡遗又典雅优美的装饰

彰显拿破仑权势的徽章

可待在客房里边享受香槟，
边眺望埃菲尔铁塔

美食家的圣地

一听到巴斯克（Basque），美食家们就会马上联想到西班牙北部城市圣塞巴斯提安（San Sebastian）吧？这是一座以人口数而言，米其林星数名列世界第一的知名美食城市。

但巴斯克的美食城市不只是圣塞巴斯提安一个地方。

先前介绍过的皇宫饭店（Hotel du Palais），就是位于法国边境巴斯克地区的比亚里兹（Biarritz）小镇。就我个人的印象，比亚里兹的美食绝对多过于圣塞巴斯提安，是像我这种热爱美食的人最难以抗拒的地方。

超越国界的独特文化区

巴斯克地区是由跨越西班牙北部与法国西南部的7个区域构成。巴斯克人的说法是，巴斯克早在法国与西班牙建国前就存在，目前只是暂时被分隔开。巴斯克居民使用的语言既不是西班牙语，也不是法语，他们说着巴斯克语。巴斯克语据说是三万年前就开始使用，是欧洲最古老的语言之一。一谈到最古老的语言，大家或许都会认为是拉丁语吧！但拉丁语历史才四千年。其次，巴斯克有悠久的历史、自己的语言、独特的文化，因此，巴斯克人主张应该建立起自己的国家。

近年来，巴斯克境内类似炸弹恐怖袭击的偏激活动逐渐平息，但和平独立运动依然根深蒂固。我曾访问过西班牙巴斯克州选举后成为第二大党，名为"Bildu"（意思为团结）的政党党魁Laura Mintegi。西班牙宪法中明文规定，自治区发起的国家独立公民投票是违宪行为。尽管如此，她还是在确认住民意愿后，提出必须尊重住民意愿的意见。

应不应该独立姑且不论，但巴斯克确实是一个横跨着西班牙与法国，充满整体规划，有着共同特征的地区。

到处逛逛就令人垂涎三尺

由皇宫饭店步行前往比亚里兹小镇，家家户户的屋檐下都吊挂着一串串晾晒的辣椒，这就是巴斯克最典型的景色。步行15分钟左右即可到达Marche（市场）。市场上随处可见新鲜的海产、肉类、蔬菜、奶酪等，只是逛逛就令人垂涎三尺。

先尝尝新鲜牡蛎的鲜甜滋味。必须花钱购买，但买一个就能当场尝鲜。年轻女老板手脚利落地用刀子撬开外壳。在日本生吃新鲜牡蛎应该没问题，出国在外难免有人对生吃牡蛎踌躇再三。老实说，我也是这种人，但为了采访，而且看起来很新鲜又没有腥味，总之，我还是不顾一切地吃进肚子里。

真的很美味。当然，吃下后肚子也没问题。确定不会有问题后，一到了附近的餐厅，发现有新鲜的牡蛎，我一定会满足一下口腹之欲。

一说到巴斯克就会让人联想起辣椒

海产也新鲜美味

可当场尝鲜的新鲜牡蛎

市场上还可看到巴斯克料理不可或缺的堆积如山的
Bacalao。Bacalao是经过盐巴腌制后风干而成的鳕鱼
干。这种鳕鱼干堪称烹调巴斯克料理的灵魂食材。最典
型的烹调方式是用橄榄油小火慢煎以促使产生乳化效
果。乳化过程中会发出"Pil Pil"的声音，因此该道料
理又被称为"Pil Pil"。最简单的方法是添加面粉后烹
调，而不是用油煎方式烹调至产生乳化效果，但这并不
是正统的烹调方式。

去市场时，我最喜欢逛的是奶酪店，奶酪种类的丰
富程度让我感到惊讶，而美味程度更让我吃惊。

在奶酪店老板的推荐下，我试吃了五六种奶酪，都
是用当地素材在当地制作，我未曾吃过这么好吃的奶
酪，人生实在太美好了。等我有钱又有闲的时候，一定
要专程到比亚里兹小镇吃奶酪。

让我一吃就上瘾的是奶酪抹上辣椒酱的吃法。辣呼
呼的酱料和香甜的奶酪非常对味。

人天生具备追求美味的能力

到达市场后，边逛边试吃，自然食欲大开。

搭车大约5分钟就能抵达的地方，开了一家米其林一星级名为Les Rosiers的餐厅。此餐厅的主厨为名叫安德烈（Andre）的年轻女性，她是法国第一位获得国家最杰出职人奖章（MOF），皇宫饭店的主厨让·马里耶·戈蒂埃栽培出来的优秀人才。

国外的报纸曾以日本的美食评论员名头介绍过我，标题是："日本知名美食评论员Itaru来了！"还附上照片大肆报导。

我花了很多时间与金钱，吃遍世界各地的美食，因此知道真正的美食有多美味可口。而当"Les Rosiers"餐厅的安德烈主厨烹调的料理吃进我嘴里的那一刻，我就觉得这个人是一个天才。当下无法大声呐喊，只能心里暗想，这家餐厅的料理比三星级主厨烹调的任何料理都美味。我对史上第一位荣获MOF殊荣的女性主厨佩服得五体投地。

我吃过的是嫩煎鸭肉。吃进嘴里的那一瞬间就感觉

056

"Les Rosiervs" 餐厅的招牌菜嫩煎鸭肉

到，"身体里的细胞都在呐喊着我想要这种食物！"出现肌体本能追求美味的反应，我未曾有过这种感觉。

事实上，日本东京早就开了"Les Rosiers"的姊妹店，到店里就能享用安德烈主厨料理，提供的餐点都很美味，但是味道上和比亚里兹吃到的完全不一样。

建议读者们一定要前往法国西南部的比亚里兹小镇。巴黎搭飞机1小时即可抵达比亚里兹。

第 3 章

La Mamounia
Ladera

蜜月旅行的
迷宫

马穆尼亚饭店（摩洛哥）
La Mamounia（Morocco）

美不胜收令人不由地着迷

戴高乐与卓别林都曾下榻的饭店

"什么地方最适合蜜月旅行呢？"针对这个问题，我的建议是"最棒的地方是马穆尼亚，但还是得视地区情势而定"。希望读者们与心爱的人一定要造访的是摩洛哥的马拉喀什（Marrakesh）。

这是喜剧泰斗卓别林、伊莉莎白二世、前英国首相撒切尔夫人等世界知名人物都曾住过的知名饭店。法国前总统戴高乐访问曾经为法国殖民地的摩洛哥时，也曾选定此饭店住宿。

灯光美得令人陶醉着迷的
正面入口大厅

丘吉尔套房

2009年，马穆尼亚进行大规模改装后重新开业，开业后不久我造访了该饭店。我认为，焕然一新的马穆尼亚是世界上最美的饭店。

造访当天我是晚上抵达当地的马拉喀什机场，该次造访行程于搭上前来迎接的捷豹后立即展开。车里充满着怡人香气，伴随着独特的音乐，座位前的荧幕上开始播放影片。

精心设计后打造的美丽设施

抵达饭店后，一踏入大厅里，呈现在眼前的是由彩色玻璃透出的微暗灯光，色彩缤纷。走到大厅里才刚坐定，饭店人员立即送上甜点与杏仁奶。

这里精心设计得美仑美奂，却很温馨。非常彻底地刻意做到完全没有"刻意"的感觉。世界各地的任何高级度假村都会提供类似的服务，但服务的贴心感觉却截然不同。

白天看到的大厅景色也很经典。安装水晶灯时应该是充分考量过阳光照射的方向与角度，因而展现出最美

大厅里的灯光即使白天看也很美丽

波光粼粼令人心旷神怡的泳池

开在庭园里的摩洛哥名产——红玫瑰

整齐排列在庭园通道两旁的橄榄树

的一面。

　　隔着饭店的窗户眺望庭园，映入眼帘的是整齐排列在庭园通道两旁的橄榄树。为了让橄榄树呈现出整齐排列生长的角度，饭店改装时据说还刻意将成排橄榄树移植了30cm。

　　建议在室外的露台上吃早餐。边欣赏缤纷绽放的摩洛哥名产红玫瑰，边悠闲地享用早餐。吃过早餐后，直接由露台步入庭园，徜徉于红、白玫瑰等花团锦簇的花丛间。只是在恬静的庭园里散散步，心情就会觉得很平静。

前往迷宫似的商业区

　　与饭店里的宁静氛围大相径庭，走出饭店就来到了热闹喧嚣的大街上。

　　由饭店出发，步行5分钟左右，即可抵达紧邻着souq（市场），而且是非常知名的德吉玛广场（Jemaa el-Fnaa，简称Fnaa）。白天冷冷清清，只是一处很普通的广场，但一到了晚上8点，好像从地下涌出来似的出

一到了夜里就摆满摊位的德吉玛广场

摩洛哥旅程中必买的名产"法蒂玛之手"

现大批人潮。饮食店的帐篷林立，街头艺人在道路旁展现才艺。

Fnaa广场相邻的souq简直就像是一座迷宫。随时有人凑过来问："你是日本人吧！让我来为你带路。"这时候千万不能回应对方，否则对方一定会把您带入迷宫似的市场后头，直到您掏钱买东西才可能放人。

摩洛哥以色彩缤纷的"Babouche"（皮拖鞋）最负盛名。其次为设计成各种形状，具有避邪作用，称为"法蒂玛之手"的敲门器。

前往当地市场购物时，千万不能老板开价就照价购买，必须以老板开价的1/10价钱开始讨价还价。坚定立场，对方可能把价钱降低至当初开价的二至三成。讨价还价过程中出现"Global price""Democratic price"等意思含糊的说法时，即表示双方议价已经进入最后阶段。

阿拉伯传统美食

摩洛哥料理很美味，马穆尼亚的料理也没话说。不

"雅考特"餐厅的摩洛哥美食

过，好不容易到了当地，当然不能错过老城区（Medina）的传统美食！我想推荐的是"雅考特餐厅"（Restaurant Yacout），位于没有街灯的老城区后方，这是一家既没有招牌也没有路标，拥有两百多年历史的古老石造建筑的餐厅。想前往餐厅时，联络餐厅前台就会帮忙安排车辆。

进入餐厅后，耳边立即响起民族音乐声，眼前是充满阿拉伯风情的世界，整个人顿时就沉浸在浪漫的气氛中。

前菜是一道道多到根本吃不完的摩洛哥风味蔬菜沙拉，餐厅准备的菜肴显然就不是要让客人自己一个人吃光，而是希望客人依食量分享。前往雅考特餐厅用餐时，建议点用鸡肉做的塔吉锅。

海拔1100m的开放区

拉德拉
（圣卢西亚）
Ladera
（St. Lucia）

位于加勒比海地区的圣卢西亚，是纽约人最想前往度蜜月的岛国，高耸入云霄似的矗立在乐园般岛屿上的建筑物，就是名为拉德拉的休闲度假饭店。

我曾经因为工作关系前往加勒比海，飞行途中翻阅美国飞机上的杂志，看到照片后留下深刻印象而自己一个人跑去拉德拉。"这地方实在是太棒了！"那里是连跑遍世界各地休闲度假胜地的我都赞叹不已的好地方。

一听到圣卢西亚，真正了解其地理位置的人并不多吧？加勒比海上的岛屿是从美国佛罗里达半岛开始，往右（东）画出弧线后，与南美洲的委内瑞拉连成一气。

圣卢西亚是加勒比海岛国中最靠南美的国家，位于马丁尼克（martinique）南边，圣文森（Saint Vincent）北边。邻近地区比较常听到的国名是巴巴多斯（英文为Barbados）。圣卢西亚是距离巴巴多斯西北方约200km的国家，由纽约搭飞机约4个小时就能抵达当地机场。

涌出温泉的火山岛

圣卢西亚是一座火山岛，因此岛上有最吸引日本人的温泉。首都是卡斯特里（Castries），仅次于首都的第二大城是苏弗里耶尔小镇（Soufriere），Soufriere法语意思为硫黄，发音神似日本用蛋白霜烤成的糕点舒芙蕾（souffle）。顾名思义，整座小镇充满着硫黄味。

苏弗里耶尔小镇的附近城镇有一处名叫萨尔发（Sulphur、Sulfur）的温泉区。Sulphur英文意思为硫黄，总之，那一带都散发着硫黄味。

前往萨尔发温泉区时，可将伴随着温泉喷出的火山泥涂抹在身上与脸上。造访日本九州别府地区命名为温泉保养乐园里的宽敞男女混合露天浴池时，也可将火山泥涂抹在身上或脸上，效果是涂抹后第二天就能治好脸上的青春痘。而涂抹萨尔发温泉区的火山泥，则会让皮肤变得更光滑细致。

萨尔发温泉区的硫黄露天浴池深度只够泡脚，但水温非常高，将近50℃。我战战兢兢地把脚伸进温泉水里，马上因为温泉水太热而作罢。忍耐着高温泡脚者不乏其人，皮肤都泡得红通通。我不是"猫足人"（脚怕热），已经算是很喜欢泡热温泉的了，但最后还是因为水温太高而不得不放弃。当时是饭店的人把我带去那里，却说"白天温泉水太热，只有观光客会去，当地人都是入夜后，等温泉水凉一点才来泡温泉"，让我好想回他一句："为什么不晚上才带我来呀？"

圣卢西亚为共同体（大英国协会员国），因此通用语为英语，但当地广泛使用的是克里奥尔（Creole）语（夹杂法语和当地说法的独特语言），我根本听不懂，一见面就会以"Sa ou fe？"打招呼，意思是："你好吗？"对方则回答："Mwenla. Mwe ka chombe. Et ou meme？"意思是："我很好，你好吗？"

圣卢西亚是属于热带雨林气候的岛屿。"热带雨

圣卢西亚经常出现美丽的彩虹
左为双子山之一的大笔筒山
（Gros Piton）

林"一词无人不知无人不晓吧？但到底有多少人真正了解热带雨林气候呢？前往圣卢西亚就能亲身体验到什么是热带雨林。刚才还晴空万里、酷热难当，突然就下起倾盆大雨，乌云散去后又是晴空万里，这种天气在一天当中会反复出现好几次。这是非常适合植物生长的环境，因此当地的植物都长得非常茂盛。

半户外的客房

当时，我的目的地是由苏弗里耶尔小镇（Soufriere）出发，搭车往山区行驶约10分钟即可抵达，位于海拔1100m处，名为拉德拉的休闲度假饭店。

饭店建筑物就盖在山坡上。最大特征是客房依山傍海建盖，靠悬崖侧未砌上墙壁，所有的客房都属于半户外。从客房就能眺望到圣卢西亚双子山的其中一座名叫小笔筒山的山峰。

住在半户外的客房，这种经验对走遍世界各地休闲度假胜地的我来说还是头一遭。虫鸟可以自由自在地飞行，把食物摆在客房里，小鸟就会飞过来啄食，蚂蚁也

客房靠悬崖侧没有墙壁

右为双子山之一的小笔简山

当地艺术家精心装饰的
淋浴间
拉德拉饭店的内部装潢也很独特

会成群结队地前来觅食，因此必须统统收到冰箱里。一到了夜晚，虫鸣鸟叫声不绝于耳。

尽管如此，我还是呼呼大睡。或许是正好符合1/f波动的关系吧！既没有蚊子等蚊虫，床铺上又挂着蚊帐，因此，睡觉时昆虫或鸟类也不会飞进来。

虽然客房都建盖成彼此看不到的角度，但由于没有墙壁，所以其他客房的声音听得一清二楚。

早餐时绝对不可或缺的可可茶

度蜜月的新婚夫妇通常都很晚吃早餐。一大早就跑去餐厅吃早餐的只有我和一些老夫老妻，因此能够选一个视野绝佳的位置，轻松悠闲地享用早餐。早餐时餐桌上摆着水枪，用于驱赶小鸟，一不小心水就会喷到食物上。

在圣卢西亚吃早餐时，绝对不可少的是可可茶。"到底是可可呢？还是茶？能不能说清楚一点呀？"用餐的人一定很想问个明白吧！事实上，那是名叫可可茶的饮料。游遍世界各地的我，只有到圣卢西亚才喝可可茶。

当地人每天早上都喝可可茶。饭店为住宿客人准备的早餐通常是自助式，可可茶则都是员工自动自发地帮顾客倒入杯子里。

可可茶到底是怎么做出来的呢？通常是将可可棒研磨成粉末状，加入热水后烹煮，煮好后添加砂糖与牛奶。可可棒则是将烘焙过的可可豆磨成粉后，凝固处理成短短胖胖的棒状。外观像毒品，散发着可可香气。在机场的礼品店购买必须花上5美元，向街上的店家购买1美元就能买到。

味道方面与读者们想象的可能很不一样。喝起来很清爽，完全没有可可的浓稠感，与平常喝的可可是截然不同的口感。喝进嘴里的那一瞬间，连鼻子里都充满着可可的香气，这是我从来没有体验过的感觉。

除非很讨厌昆虫与鸟类的人，建议您一定要与心爱的人一起造访拉德拉，绝对会有非常难得的体验。

COCOA
TEA

未曾有过的可可茶体验，当地人每天早上都喝

第 4 章

Uma by Como
Chiva Som

王公贵族的
养生休闲胜地

科莫集团经营的乌玛度假村（不丹）
穿越时空重返幸福国度

Uma by COMO
（Bhutan）

2011年11月，不丹国王旺楚克（Wangchuck）与王妃佩玛以国宾身份远从不丹来到日本访问，在日本当地掀起了一股空前的不丹热潮。

对于已经玩腻纽约、伦敦、巴黎等城市的贵妇们而言，不丹是再好不过的目的地。

为了维护观光资源而不盖工厂

不丹是一个观光政策方面非常有趣的国家。因为不丹政府设定了除了印度人之外，各国旅客进入该国旅游

古色古香的暖炉

称为Tashi Tagey，
描绘着中国西藏吉祥图纹的
装饰品

时每人每天必须消费的最低门槛。2013年底我造访不丹，当时规定的最低消费折合美金约250元。由旅行业者组成符合该条件的旅行团，在该前提下发给签证。因此，省吃俭用的背包客不会前往不丹旅行。

更进一步说，美丽的大自然与清新的空气是不丹的最主要"观光资源"。为了维护宝贵资源，不丹当局坚守国内不建盖工厂的施政方针。工业产品完全依赖国外进口，进口对象以邻国印度为主。

不丹位于喜马拉雅山的一角，因此境内有高山，善加利用地形的高低落差发展水力发电后，将电力卖给印度，又以观光为国家的主要产业。尽管如此，不丹还是无法脱离赤字经济，必须仰赖国际援助。

建盖在人民还无电可用，依然过着以物易物生活的国家的高级度假村

就观光地区而言，不丹还是一个让人觉得很新鲜的地方。造访不丹就能体验到穿越时空般回到日本江户时代的感觉。

090

用无农药有机食材烹调的简单料理

不丹境内几乎看不到文明的东西。首都廷布（Thimphu）、设有国际机场的帕罗（Paro）等地区都是采行货币经济，但其他大部分地区直到现在都还采用以物易物的交易方式。饭店有电力，但一般地区完全无电可用，所以既没有电线，也没有电线杆。道路方面当然没有高速公路等大马路，都是穿越高山棱线似的羊肠小径。我不会晕车，但到了那里却晕头转向。

这么原始的环境中却坐落着以外国人为对象的高级度假设施，而且是世界上最高级的设施，这样的反差实在令人难以想像。

宁静的古都普纳卡

我曾住过科莫（COMO）集团经营的两处名为"乌玛"的度假村。

其中一处设施位于古都普纳卡（Punakha），从不丹唯一的国际机场所在地帕罗搭车前往，需4个小时左右才能抵达的地方。普纳卡为山谷间形成的聚落，曾为不丹首都，但人口只有七千人。与其说是"首都"，不

宁静清幽，舒适雅致的露台

如称为"村落"更贴切。

位于普纳卡，名为"科莫集团经营的乌玛普纳卡度假村"（Uma by COMO, Punakha），简称"乌玛普纳卡"，是沿着Mo Chhu（意思为母河）建盖，四周是一望无际的农田。

无论外观还是内部装潢都充满不丹风格，设备完善舒适。餐点使用当地生产的无农药有机食材，享用后连心情都倍感清新。

让我最感动的是宁静清幽的环境。能够置身于这么幽静又舒适的夜色中，对于在先进国家生活的人而言，是非常难能可贵的体验吧！除了风声、潺潺的流水声、动物的声音等大自然的声音外，听不到任何杂音，总之，就是宁静。静静地待在用当地木材打造的大厅里的暖炉旁，甚至能听到自己内心发出来的声音。

曾为不丹王国政府所在地的"要塞"

普纳卡最值得一看的地方是普纳卡宗（Punakha Dzong）。

普纳卡宗

095

不丹的寺院都挂满五色装饰

转动转经轮，就能获得形同读经的功德

"宗"（Dzong）的藏语意思为"要塞"。

不丹的官方语言是被视为藏语方言之一的宗喀语（Dzongka），准官方语言为英语，所以大部分不丹人都精通英语。

"宗"的意思除了要塞之外，更是融合着寺院、修道院、行政机关等的综合体。

普纳卡宗建于17世纪，位于乌玛普纳卡车程约20分钟的地方，座落在Pho Chhu（父河）与Mo Chhu（母河）的汇流处，是旺楚克国王（第五任不丹国王）与佩玛王妃举办婚礼的场地。直到第二任国王的时代为止，普纳卡宗都是不丹王国政府的所在地。

综合体之中的寺院通常都会装饰得色彩缤纷。不丹的寺院一定会采用五色装饰。五色分别为蓝、白、红、绿、黄，意味着天、风、火、水、地。

其次，寺院里一定设有转经轮（又称摩尼轮）。转经轮是撰写着经文的圆筒，转动一圈转经轮就能获得读一部经书的功德。不丹人通常会频频地转动转经轮。

独特的水疗设施与餐饮

科莫集团旗下的另一处度假村，是位于帕罗国际机场（Paro Airport）旁的"科莫经营的帕罗度假村"（Uma by COMO, Paro），简称"乌玛帕罗"，比"乌玛普纳卡"更早落成启用，是点燃不丹高级度假村开发的火种，巧妙地融合着现代化与喜玛拉雅不丹传统氛围的设施，保证游客们能享受到最舒适愉快的旅程。

乌玛帕罗最值得推荐的是热石浴。将烧得热腾腾的石头放入漂浮着有机魁蒿的木制浴池里，将浴池里的水加热至适当温度。水不够热时，敲一下木门，服务人员就会递进热腾腾的石头。

餐点也很独特，最想推荐的是不丹套餐（Bhutanese set）。不丹人喜欢吃辣，我不擅长吃辣，只吃下指甲尖大小的辣椒，整个人就会辣得跳起来。这处度假村非常贴心，提供的不丹套餐口味比较温和，很适合外国人享用，可享受到适度的辛辣味道。

由帕罗国际机场前往"乌玛帕罗"车程约10分钟

传统氛围与
现代化设施的
完美融合

热石浴池的水面上漂浮着魁蒿

水不够热时敲一下木门，
就会递进热石

皇家城市饭店的"瘦身美食"

奇瓦颂度假村
（泰国）
Chiva Som
（Thailand）

《安娜与国王》电影中登场的泰国皇太子，是以后来登基成为泰皇的拉玛五世为原型的。其子拉玛七世在连接着马来西亚海岸线上风景最美的华欣海滩（Hua Hin Beach）盖了一栋充满西班牙风格的离宫，命名为忘忧宫（Klai Kangwon Palace）。直到现在，泰国王室还当作夏宫使用着。华欣（Hua Hin）就是风景优美、环境宁静、季节风适度吹送、适合避暑的好地方。

华欣地区盖了一座取名奇瓦颂（Chiva Som）的休闲度假饭店。我曾经从负责该设施宣传工作的人员口中打听到一则非常可靠的消息：

"把肚子吃得饱饱的，依然能够瘦下来哦！"

"真的吗？"我满脸狐疑地反问着对方。

"就当被我骗一次好了，请您一定要来试试看。"

对方都这么说了，我当然是马上就去试试看喽！

就我的印象，日本方面好像还没有得到奇瓦颂度假村相关的正确资讯。因为，世界最高水准的水疗设施早已成为奇瓦颂的代名词，但日本方面却只偶尔看到些许资讯。当然，对于那些资讯我并未持怀疑的看法。因为泰国拥有堪称按摩界哈佛的"卧佛寺"，水疗师的等级也绝对是世界一流，但事实上，前往其他地方还是能享受到出身于卧佛寺的水疗师的世界最高级水疗服务。

奇瓦颂最了不起且独一无二的特征是该设施提供的餐点。

其次，以结果而论，"肚子吃得饱饱的依然能够瘦下来"的说法是千真万确的。我就有过在那里待了四天三夜后，体重减轻3kg的体验。更进一步地说，该设施提供的餐点都很美味，其间并没有叫人吃下奇怪的减肥食物。

点餐时可依个人喜好从菜单中点选菜色，而且不管点多少菜，价钱都一样。当时我毫不客气地点了一大堆菜，把肚子撑得很饱，而且三餐都吃。晚餐的时候还吃了牛排与巧克力蛋糕。

奇瓦颂相关人员建议："饭店里开了各种课程，想不想去运动运动呢？运动一下对减重更有帮助。"不知道是幸还是不幸，当时我因为手上的一大堆稿件正面临着截稿压力，除了包含在住宿费里的50分钟"免费"按摩外，我一直待在房里打字，并未参与任何课程。重点是，我完全没有运动，结果还是瘦了下来。果然如工作人员的说法，肚子吃得饱饱的依然能够瘦下来。

那种奇迹似的结果为何会实现呢？完全是拜奇瓦颂主厨派森（Paisan）潜心研究之赐。派森出生于1977年，是非常热衷于料理的泰国籍主厨。造访奇瓦颂后，我与派森曾在日本，以及他留学期间在纽约分别吃过一次饭。

在日本的那一次，我们到一家名叫"醍醐"的米其林二星级素食店用餐，可惜我们没有办法在轻松愉快的气氛中享用美味餐点，因为派森机关枪似的说话方式，以及接二连三地提出的问题而被打扰。每逢上菜时，派森就会提出"这道菜有生姜的味道，加了生姜吗？"之类的问题，频频地追问服务人员。他是一个非常认真，脑子里只有料理的男人。

"造访奇瓦颂期间，我什么运动都没做，只是吃就瘦下来了！"当我这么说时，他回了一句："大家都这么说。""真厉害，您是怎么办到的呢？"他的回答

泳池旁欣赏到的夕阳美景

是："调味时充分运用食材的味道，以及完全使用具有排毒作用的食材的关系吧！"

以酸奶为例，"餐厅里都使用xx菌，这种菌的排毒效果非常好！"他说出的是我未曾听过的菌种名称。问到巧克力蛋糕时，则回答"可可成分超过多少百分比，吃了就不会发胖"等。

他的基本做法是：（1）烹调菜肴时不用油，用蔬菜汤冻取代油脂；（2）用酱油取代盐；（3）使用新鲜食材或富含植物纤维的素材。

奇瓦颂提供的餐点味道确实比较清淡，甜度也控制得刚刚好。老实说，吃第一餐时我还因为味道太淡而觉得美中不足，但吃第二餐时就不再出现那种感觉，或许是舌头很快就适应了吧！

我并不是刻意地要说奇瓦颂多好，韩国大明星裴勇俊拍裸照前，跑去瘦身的地方就是奇瓦颂。

如果状况许可，很想每年都去奇瓦颂待上一星期，通过排毒好好地调理一下身体。无论中年男性或女性，自己一个人待在奇瓦颂的情形并不是很罕见。觉得自己有点发胖、饮食生活有点不正常时，下次长假建议您去一趟奇瓦颂。

有机蔬菜沙拉吧是奇瓦颂早餐的最大特色

不管吃多少都不会发胖

专栏 2

传统美食与经典饭店

　　我是一个"爱吃胜过于任何事情"的人，最喜欢到未曾去过的地方，享用当地的美食。

　　到阿尔巴尼亚时，也吃遍了当地的传统美食。

　　阿尔巴尼亚位于巴尔干半岛一角，希腊的北边，意大利的东边。第一次造访阿尔巴尼亚是与该国观光旅游单位洽商事情，第二次是该国观光旅游单位招待的参访行程。在观光旅游单位人员的陪同下，针对阿尔巴尼亚中心与北部地区进行为期4天的参访行程。

随时随地都能享用美食

不管到哪里吃或吃什么都很美味，其中最美味可口的就是玉米面包。用玉米粉烘焙而成的玉米面包世界各地都能吃到，但阿尔巴尼亚的玉米面包烤得尤其香脆，最普遍的吃法是淋上酸奶后享用。

其次是放入烤箱里烤过的羊奶奶酪。这种食物也美味无比。一听到羊奶就会觉得羊骚味很重吧？但令人意外的是，完全没有羊骚味，喝起来香浓又顺口。

最想推荐的是添加leek（韭葱），当地称"Pacaroku"的派饼。我未曾吃过这种味道的派饼，但真的很好吃又增进食欲。南部的传统美食，当地称"Kihuki"的炸饭团也很合我的口味。

酒类方面以阿尔巴尼亚称为"Laki"的格拉巴酒风味最棒。酒精含量当然很高，但喝下后满口生香，充满酿酒材料的水果风味，足以让人喝上瘾，都是店家自己酿造的，是让人难以抗拒的美酒。

用玉米粉烘焙而成的玉米面包

放入烤箱烤过的羊奶奶酪

leek（韭葱）口味的"Pacaroku"派饼

当地称为"Kihuki"的炸饭团

个性十足的饭店也深受期待

阿尔巴尼亚的饭店也令我感到很期待。

虽然不是多么的豪华，但随处可见风格独特又经典舒适的饭店。普遍存在于世界各地的连锁饭店集团进军该国的计划已经受到了限制，目前只有喜来登饭店，但希尔顿、凯悦、万豪等饭店都尚未进驻。

设计上最耀眼的是位于首都地拉那（Tirana）中心的蒙迪尔饭店（Mondial Hotel）。这是一家只有28间客房，但房间的隔间规划都很不一样的小饭店。

房间设置露台，地板与天花板都是木质，这是座落于地拉那地区的罗格纳饭店（Rogner Hotel），听说新闻媒体工作者与学者都很喜欢入住这家饭店。美中不足的是房间里未设置浴缸，不过对于习惯淋浴的人而言，这家饭店能提供给清新舒爽的住宿。露台上不会照射到阳光，可轻松悠闲地度假。

地拉那地区的饭店之中，我最喜欢的是捷克帝国（Czech Imperial）饭店。2008年开张，设施装潢上比较新颖。可能一般人比较不容易接受，因为内部装潢让

蒙迪尔饭店

罗格纳饭店

亚德里亚海饭店

捷克帝国饭店

人觉得不够精致典雅，天花板也刻意降低高度。房间非常宽敞，设备也非常现代化，但看起来并不新潮，而我就是看上这一点。

这是捷克一家人共同经营的家族事业，创始人为艾格伦（Agron）与艾伯特（Albelt）两兄弟，柜台工作由妹妹担纲，财务工作由太太负责。因此，经营团队成员身上都不会看到上班族的傲慢习性，从细腻周到的服务态度上，就能感觉出把事业当作分内事情处理的真诚度，同时还充满家庭般的温馨氛围，是一家住起来让人心情很愉快的饭店。

阿尔巴尼亚人心目中最受欢迎的夏季休闲度假胜地是杜雷斯海滩（Duresses Beach）。由地拉那出发车程约30分钟即可抵达，眼前就是一望无际、海水碧蓝的亚德里亚海（Adriatic Sea）。每逢暑假就携家带眷前往杜雷斯海滩度假已成为阿尔巴尼亚人的习惯，因此沿着海滩建盖了许多饭店。其中最高峰就是亚德里亚海饭店（Hotel Adriatic），位于滨海地区又建盖了豪华的客房与餐厅，再加上优雅的装潢，是一家充满奢华气质的饭店。

被殖民的岛屿

哥伦布灯塔与蔚蓝海洋

蓬塔卡纳饭店
（多米尼加共和国）
Punta Cana
（Dominican Republic）

由于出版旅游指南的工作关系，我经常前往世界各地旅行，最常听到的问题是："至目前为止，您认为哪里是最佳旅游地点呢？"这个问题很难回答，《罗马假日》电影中，奥黛丽·赫本扮演的公主说的"每一座城市都各具特色，令人难忘，难以抉择……"这句话最能代表我的心情。

"接下来您还想去哪里旅行呢？"这是比较容易回答的问题，答案是"多米尼加共和国"。

衍生出"殖民地"概念的地方

多米尼加共和国是世界上最先衍生出"殖民地"概念的地方。1492年，哥伦布率领圣玛丽亚号等3艘轮船构成的舰队发现美洲新大陆，最先展开要塞建设的地方，就是目前的多米尼加共和国首都圣多明哥（Santo Domingo）。因此，圣多明哥地区随处可见新大陆（南北美）的第一所大学、医院、大教堂、法院等非常值得纪念且目前已列为世界遗产的设施。

设置在圣多明哥沿海地区，纪念哥伦布的灯塔也成了观光名胜之一，1992年为了纪念发现新大陆500周年而建盖，据说那里就是哥伦布长眠的地点。对此说法当然也有不同的见解，西班牙就主张该国拥有哥伦布遗骨。

就日本方面的关系而言，那座哥伦布灯塔里确实挂着因角川电影而风靡全世界的角川春树的照片。我担任角川春树事务所顾问超过15年，与角川先生交情深厚，但未曾想过哥伦布灯塔里会挂着角川先生的照片，因此，看到照片时我也感到很惊讶。据说角川先生曾经与

可躺在海边的床铺上喝香槟、睡午觉

当时的多位下属一起划着船，沿着哥伦布走过的航线航行过，抵达当地后，角川先生一行人还受到多米尼加共和国人民的热烈欢迎，接受过多国总统颁发的勋章。角川先生真的开着无动力船只只靠风力与船桨，从葡萄牙的里斯本行驶至多米尼加共和国吗？

加勒比海最受欢迎的区域

多米尼加共和国是美国人（尤其是爱打高尔夫球的人）最喜欢前往度周末的休息度假胜地，同时也是欧洲人一放假就前往的南方国度。

多米尼加共和国东部的蓬塔卡纳是该国境内人气排名第一的度假村。该设施的人气排名不只是在多米尼加共和国名列第一，就整个加勒比海地区而言，也是人气数一数二的。因此，蓬塔卡纳的国际机场是加勒比海地区中飞机起降最频繁的机场之一，高峰时段每星期至少有250班飞机降落该机场，一天平均约30班飞机，来自纽约的飞机一天就有3个班次。日本人或许不是很清楚，其实蓬塔卡纳已经是欧美各国人士非常喜欢前往的

在蓬塔卡纳饭店也能享受到最高级的"全包式仅限成人"（Sanctuary Cap Cana）住房服务

设施新颖充实，食物美味可口

海边度假胜地。

我是多米尼加共和国驻日大使馆的顾问，由于这层关系，我已经前往该国访问过十余次。事实上，完成顾问的任务只需要前往总统府等机关所在地，即前往首都圣多明哥即可，但每次都会想："既然来到多米尼加，不妨稍微放松一下吧！"因而顺道前往的就是蓬塔卡纳。

搭乘欧美国家的直航班机就能直达蓬塔卡纳机场，但若想在圣多明哥好好地了解一下世界最初的"殖民地"历史，通过崭新的高速公路前往蓬塔卡纳路途也不会太遥远，车程大约2小时。

蓬塔卡纳地区内休闲度假饭店林立，入住沿着海边建盖的饭店就能尽情地享受碧蓝天空、蔚蓝海洋与白色沙滩的最高级滨海休闲度假行程。

日本黄金周期间的旅游价格最实惠

衷心推荐all inclusive base的饭店。All inclusive一词是指"吃到饱、无限畅饮"的全包式服务，但不包括香槟与顶级葡萄酒，气泡酒、红白酒、啤酒、不含酒精饮料、各种鸡尾酒才属于无限畅饮的范围。餐点部分依菜单点用，但不管吃多少都已含在住宿费中，因此可依喜好尽情地享用。

　　住宿费中包含餐点费用，所以感觉上当然稍微贵一点，不过淡季期间非常便宜。多米尼加滨海休闲度假胜地的旺季为圣诞节至复活节（四月份）期间，换句话说，日本的黄金周正好是多米尼加的淡季。花日币三万元即可在滨海度假村里住上一晚，尽情地享受吃到饱、无限畅饮的高级服务。

莫卡饭店
（古巴）
Moca Hotel
（Cuba）

来自古巴的爱

2015年7月，美国与古巴断交54年后终于恢复邦交。

古巴是观光资源非常丰沛的国家，坐拥加勒比海美景，首都哈瓦那（Habana）美式殖民风格的建筑物林立。革命结束后，古巴即走上社会主义国家之路，由于开发进展不顺利，如今才能欣赏到充满历史魅力的景观。与革命战士切·格瓦拉（Che Guevara）、大文豪海明威等有关的景点非常多，音乐也很好听。和美国恢复邦交后，古巴观光的受欢迎程度一定会水涨船高。

至目前为止，我造访过古巴3次，当初我是从加拿大多伦多与多米尼加共和国的圣多明哥前往，并没有从美国搭机直飞当地。持观光旅游卡（Tourist Card）即可入境，我因为工作的关系前往古巴，所以必须前往东京麻布的古巴大使馆办理签证。大使馆的古巴籍人员都是拉丁人，个性开朗，态度和蔼可亲。

我因为在古巴大使馆工作的朋友而与古巴结缘，在朋友的引荐下结识负责古巴观光事务的参事官，对方希望吸引更多人前往古巴旅游观光，因此委托我在撰写旅游指南时介绍古巴。

我出版旅游指南的方针之一是"介绍《地球步方》上未曾介绍过"的题材，因此，接受委托时曾以"我不希望采访其他旅游指南中介绍过的地方，希望您能提供一些新鲜的题材（something new）"。

共同经营模式的饭店

请对方协助提供资讯后，委托案就再也没有下文，经过1个月左右，我心想，对方显然是找不到新鲜的题材吧！当我正要放弃时，对方竟然主动联系我，或许是想做最充分的准备，对方带来的恐怕是世界上任何地

设置在革命广场上的切·格瓦拉肖像霓虹灯，
文字意思为"迎向胜利、直到永远"

革命前就在行驶的古董车也成为观光名胜

129

方都不存在，充满居民集体经营理念的"社区饭店"（Community Hotel）题材。别的地方是否存在我不确定，但至少我没有听说过。我马上就被该题材深深吸引，飞往古巴的准备工作立即展开。

"社区饭店"，构成此设施的是位于古巴首都西边，车程约1小时的地方，座落在拉斯特拉萨斯（Las Terrazas）自然保护区内，四周都是森林，但并不是真正的自然森林。

原本是法国人开辟的咖啡农园

原本是19世纪初住在海地的法国人为了躲避飓风侵袭而来到当地，定居后开始屯垦的咖啡农园，后来因为价格低廉的巴西咖啡兴起而不再栽培咖啡，开始展开木炭生产事业。生产木炭必须砍伐树木，因此1960年起，古巴政府开始植树造林。1970年以后，由海地移民过来的法国人后代子孙陆续地分散居住在造林区内的森林里。

分散居住森林里生活非常不方便，为了提升生活品质，居民们渐渐地集中于一个聚落，打造了Community（生活共同体），继而充分运用栖息于自然保护区内的动植物，建盖小规模饭店以赚取外汇，这就是社区饭店的由来。我前往的是"莫卡饭店"（Moca Hotel）。

莫卡饭店的最大特征是，除了主要大楼内规划的26间客房外，生活共同体（聚落）的住家部分也并设称为"庄园"的饭店客房。而且，该客房不同于一般民宿，是隶属于饭店的客房，这就是最大特征，而所谓的庄园只规划了3间客房。

并设庄园的住家本身是一般家庭。经过住家厨房旁的通道，打开后方的一间客房，立即呈现在眼前的是一间无论大小或设备，都与主要大楼里的饭店客房一模一样的客房。除饭店的主要大楼里设有饭店客房外，周边的住家部分也并设客房。由整个生活共同体构成一家饭店，这么独特的经营理念实在是我未曾听闻过的。

在该饭店的主要大楼里的柜台办理入住手续后，起初我拿到的是主要大楼客房的钥匙。那是饭店的贴心做法吧！因为入住庄园的客房后，与饭店内的餐厅、酒吧等设施距离非常远。饭店方面的好意当然是被我拒绝

规划三间客房
并设于森林中民宅的庄园

133

134

经过民宅的厨房，后方就是设备齐全的客房

了，因为这趟旅程我是专程为了"社区饭店"而来，当我表明"我想住进生活共同体的客房"时，柜台人员满脸不可思议地为我带路。

离开主要大楼后，往下走过一段坡道，接着往上走即抵达我的"房间"。这是并设于一般住家的房间，住家部分住着巴尔巴利塔（Barbarita）一家人，家族成员包括巴尔巴利塔夫妇与女儿。经过他们家的厨房后继续往前走，里面就是"客房"。直到打开房门为止，都是巴尔巴利塔的住家，但一打开房门，客房内视线所及都和主要大楼看到的一模一样。内部装潢也很普通，房里设有电视、冷气、浴缸、淋浴设备。

悠闲时光悄悄地流逝

并设于生活共同体住家部分的客房，不是饭店主要大楼里的客房，入住后不久，我就会深深地感觉出其中差异。

例如，中午过后孩童们就下课回到家里来，能够听到孩子们的说话声。傍晚时分则传来居民们悠闲聊天的

位于曾经是咖啡农园的森林里

生活共同体以放养方式饲养的动物

声音或狗叫声。我18岁时从日本北海道到东京后，就一直在东京生活，来到这里后深深地感觉到，这里和东京很不一样，时间过得特别悠闲缓慢。实在是太不可思议了，我到了古巴竟然想起故乡北海道。

烹调餐点的食材以生活共同体采收的蔬菜、鸡蛋与肉类为主。古巴唯一的一家有机蔬菜餐厅名为"艾尔罗梅罗"（El Romero）。外汇不足的国家通常肥料与农耕机具也比较缺乏，因此不管去哪里，吃的都是近似有机的食物。

古巴唯一的一家有机蔬菜餐厅把这方面做得更彻底，食材方面品质佳又可口，完全没有怪味，因此，只是清炒蔬菜和煎蛋就很美味。

玛莉亚咖啡馆

区域内充满着怀旧氛围。曾经为咖啡农园，因此土地像梯田般呈阶梯状。那里是干燥咖啡豆的场所，依据咖啡豆的干燥程度，渐渐地往上层移动，最上层设有大型咖啡磨豆机。从前都是靠奴隶推着巨大石块磨碎咖

咖啡馆女老板玛莉亚

MARIA

CAFE
C aliente
A margo
F uerte
E speso

CUBA

添加大量砂糖、
风味香醇浓郁的咖啡

啡豆。

饭店里也开设咖啡馆，店名为玛莉亚咖啡馆（Cafe de Maria），从店名就能看出，玛莉亚就是咖啡馆的女主人（Mistress）。玛莉亚住在咖啡馆的隔壁，因此进入咖啡馆时若找不到人，朝着她的住处方向呼唤，她就会出来招呼客人，用法兰绒滤布手冲方式，冲泡出风味绝佳、味道浓醇的美味咖啡，大量添加砂糖后提供给顾客享用。看到八十多岁高龄健康悠闲地过着生活的玛莉亚，我突然觉得，每天千篇一律地恬静度日，悠闲地冲泡咖啡的生活方式其实也不错。

起源于皮娜可拉达的餐厅

140

　　村上春树作品《舞舞舞》中，出现过好几次男主角"我"与13岁少女"雪"，一起喝"凤梨可乐达"（Pina Colada）的场景，地点为夏威夷，以下为哈利库拉尼（Halekulani）饭店的泳池畔酒吧的片段。

　　我唤来服务生，又点了一杯凤梨可乐达，然后整杯都拿给雪。我说："整杯都喝掉吧！每天晚上都和我在一起，一个星期后你就会成为日本人之中最了解凤梨可乐达的中学生。"（《舞舞舞》下集 日本讲谈社文库114页）

　　位于夏威夷威基基的哈利库拉尼饭店是我很喜欢的

一家饭店。我认为，世界上再也找不到比滨海地区的欧奇兹（Orchids）餐厅更让人愉快地享用早餐的地方了！

凤梨可乐达是朗姆酒添加凤梨果汁与椰奶后，与冰块一起放入果汁机搅打而成的鸡尾酒。

打好鸡尾酒后，通常还会添加凤梨与玛拉斯奇诺樱桃（Maraschino cherry）。我在日本时喝过，不太好喝，是因为使用罐装椰奶的关系。位于南方的国度使用的是新鲜椰奶，所以除了夏威夷的好喝外，加勒比海各岛屿的凤梨可乐达也都很美味。

沛沛巴拉齐纳

凤梨可乐达并非夏威夷特有的鸡尾酒，而是加勒比海地区的美国自治邦联波多黎各首都圣胡安（San Juan）的餐厅独创的鸡尾酒。

圣胡安旧街区的那家餐厅名称为"巴拉齐纳"。凤梨可乐达据说是20世纪50年代由西班牙瓦伦西亚（Valencia）移民到圣胡安的厨师沛沛巴拉齐纳（Pepe Barrachina）研发。

当作投资物件接二连三地被转卖

但现在的"巴拉齐纳"既不属于研发者沛沛，也不是巴拉齐纳家族在经营。巴拉齐纳具备世界知名凤梨可乐达"发源地"（诞生地）的附加价值，因此经营权接二连三地被转卖。6年前我造访该店时，老板是海地籍黑人女性。

餐厅提供的餐点味道、内部装潢或服务品质都很普通，但菜单上的价格却比附近的餐厅贵上三四成。因为，这家餐厅是以造访"凤梨可乐达诞生地"的观光客为对象，所以不管价格多贵都不怕卖不出去。

让我感到最惊讶的是，这家餐厅已经引进最新的收银系统。我偷偷地瞄上一眼后发现，电脑画面上显示着座位相关讯息，由哪位服务人员负责、点用哪些餐点、顾客消费金额、点餐后的上菜情形等都一目了然。现在，"巴拉齐纳"已经成了投资标的，需要好好地控管店里的损益吧！

除了"巴拉齐纳"外，波多黎各首都圣胡安的旧街区也是一日游的绝佳去处。彷彿电影《加勒比海

波多黎各最值得一游的地方"艾尔莫罗要塞"，曾经击沉海盗船

首都圣胡安的旧街区

由修道院改装而成，魅力十足的艾尔康文托饭店

"巴拉齐纳"的
凤梨可乐达

盗》（*Pirates of the Caribbean*）世界的艾尔莫罗（El Molo）要塞也是非常值得一游的景点。

住宿方面推荐入住由修道院改建而成的艾尔康文托饭店（Hotel El Convento）。这是一家四周辟建回廊，环绕着绿意盎然的大中庭，外侧配置客房的饭店。请当地人推荐饭店时，十之八九都会听到这家饭店的名字。

孩子喝的话，可以点不含酒精（朗姆酒）的凤梨可乐达，点"纯真可乐达（Virgin Pina Colada）"，餐厅就会为顾客特别调制。

第6章

Mena House Hotel
Duzdag Hotel

将军的庭园

148

丘吉尔、罗斯福、蒋介石三巨头会议

米纳饭店（埃及）
Mena House Hotel（Egypt）

　　2001年的大学入学考试时，世界史B科目出现"关于第二次世界大战后，日本战败处理叙述文中何者为正确"的选题。选项一为"开罗会议举办时，中国代表也参与，决定归还台湾"。

　　1943年11月，开罗会议中，英国首相温斯顿·丘吉尔、美国总统富兰克林·罗斯福、中国国民党主席蒋介石针对日本战败相关处理事宜进行会谈。当场以日本无条件投降为目标，发表台湾与东北等地归还中国、促使朝鲜独立等宣言。后来，该宣言内容被直接引用为《波茨坦公告》。

因此，前述选项一为"正确答案"。看到挂在开罗饭店墙上的照片，我深深觉得那的确是正确答案。

1869年开始营业

照片是三巨头坐在椅子上，在饭店中庭草坪上拍摄的。该饭店就是米纳欧贝罗伊饭店（Mena House Oberoi）。当初就是在该饭店举办开罗会议，发表《开罗宣言》。

这家饭店有好长一段时间被称为米纳欧贝罗伊饭店（Mena House Oberoi），直到最近经营者更换才更名为米纳饭店。

1869年开始营业，成为长久以来深具埃及代表性的现代化饭店。因福尔摩斯（Sherlock Holmes）而声名大噪的柯南·道尔（Conan Doyle）曾住过，据说国际巨星弗兰克·辛纳屈（Frank Sinatra）与前美国总统尼克松都曾住过。

151

1943年蒋介石、罗斯福、丘吉尔会谈后拍摄

参观金字塔的最佳位置

152

步行3分钟就能抵达金字塔

现在，开罗地区随处可见豪华饭店，不再像过去那么稀奇。如今，"步行3分钟就能抵达吉萨的金字塔"是米纳饭店的最大意义吧！从饭店房间就能眺望气势磅礴的金字塔景色。

参观金字塔时，住得越近越好。

因为参观位于吉萨的三座金字塔（胡夫王、卡夫拉王、孟考拉王）与狮身人面像时，只是参观外观就得花上2个小时，而且脚底下都是沙土，走起路来很不方便。

从座落在市区的饭店前来参观金字塔时，通常要在最靠近金字塔的巴士站下车，但距离金字塔还是非常远，而且一下车就要置身于炎热的环境中，还要走非常耗费体力的路程。

就这层意义而言，米纳饭店是参观金字塔的绝佳地点。比起从最靠近金字塔的巴士站下车参观，可以更近距离地参观金字塔。

金字塔景色确实令人拍案叫绝，不过既然来到开罗，一定要抽空前往胡夫金字塔里侧的"太阳船博物馆"参观。博物馆里展示了一艘修复状况良好，全长超过40m的船只。从埋在胡夫金字塔旁的石室发现，据说与胡夫法老王的葬仪有关，为何打造那艘船原因至今不明。古埃及的国王被视为太阳神的子孙，因此那艘船被称为太阳船，也被称为胡夫王船。

公元前15世纪起，腓尼基人就以现在的黎巴嫩共和国一带为据点，进行海上交易。据说原产于该边界的杉木非常适合作为造船的材料，该杉木被称为黎巴嫩杉木，质地坚韧，不易腐坏。目前，黎巴嫩国旗上画的就是黎巴嫩杉木。

对恶劣的推销手法必须提高警觉

广泛地进行以上介绍后，希望现在提醒还不会太晚，参观金字塔前必须做好心理准备。我要提醒的并非参观时间长达2小时以上，或天气炎热容易疲劳这些小

156

古埃及人打造"胡夫王船"之谜

事情，而是当地小贩的推销手法异常强悍。

游客购票进入参观后，小贩依然可进入该区域，兜售物品以印着金字塔图案的Ｔ恤为主。不只是一两个人，总是有好几十人蜂拥而上，大声嚷嚷着"1美元！"拼命地兜售。游客以"不需要"回绝或不予理会时，小贩就会把贩卖的Ｔ恤丢向游客，强迫游客接受。游客若不小心接到该Ｔ恤，小贩就会说"你拿了我的Ｔ恤就必须付钱，一件10美元"之类的话，强迫顾客购买。因此，当小贩把Ｔ恤丢过来时，一定要赶快逃开，千万不能伸手去接，Ｔ恤掉在沙漠上后，接着就会听到小贩以听起来像埃及话的语言破口大骂，朝着您吐口水。

"这种强迫推销举动一定会影响到金字塔的声誉。"读者们或许会这么认为，但参观金字塔的人依然络绎不绝。因为金字塔充满着神祕魅力，游客的喜爱程度一定会远远地超出对当地恶劣推销行径的负面评价。

我造访埃及的时候正好是"阿拉伯之春"的前一年。"阿拉伯之春"为2010年展开的一连串革命。从2011年初开始，埃及也发动了革命。近年来，治安状况稍微变差，造访埃及前务必充分地收集信息，行动上必须格外谨慎。

岩山地下的岩盐饭店

达斯达格饭店
（纳希契凡，阿塞拜疆的飞地）

Duzdag Hotel
（Naxcivan, Azerbaijan）

我不只是热爱休闲度假，更是一个喜欢追求刺激的人，因此经常会投宿一些奇奇怪怪的度假村。

造访阿曼的"杰格希湾六善饭店"（Six Senses Hideaway Zighy Bay）时，我有过搭乘滑翔伞前往办理入住手续的经验。该饭店面对着海洋建盖，当时我是从距离非常远的一座可俯瞰饭店的岩山上，和教练一起搭乘滑翔伞飞向饭店（针对有需要的人）。

我还住过瑞典的冰宫饭店（Ice Hotel）。冰块打造的房间里有冰块打造的床铺，床上铺着驯鹿皮，游客必须睡在冬季登山专用的高性能睡袋里，睡觉时也必须戴

160

入住阿曼的"杰格希湾六善饭店"时，必须搭乘滑翔伞，飞到面向着海洋建盖的饭店办理入住手续

入住瑞典的冰宫饭店时，必须住用冰块建成的房间，睡冰块做成的床铺

着手套和帽子。

世界上存在着许多与众不同的度假村，热爱旅行的人都知道。

位于阿塞拜疆的飞地纳希契凡的地下饭店，也是非常不可思议的饭店。客房犹如超级警备队的基地，完全位于地下，而且是位于岩盐山的地下。

饭店名称为达斯达格饭店（Duzdag Hotel）。达斯达格（Duzdag）一词，阿塞拜疆语意思为盐山。事实上，该饭店的主要大楼还是盖在地面上，像一般气派的五星级饭店一样，但设施内附设名为达斯达格理学疗法中心的别馆。该别馆是在挖掘岩盐山后辟建。

目的为治疗气喘

辟建地下饭店据说是为了治疗气喘。

开凿盐山形成洞窟，里面开辟了许多半独立式房间，房里摆放床铺，就寝时才由本馆去到房间里。当然，本馆也有气派舒适的床铺，游客亦可在本馆的客房里睡觉，但既然入住岩盐山的饭店，当然是住在洞窟里

只有入口处盖在地面上，客房都位于岩盐山的底下

进入馆内后马上来到通往客房区的木质走廊

164

可清楚看出岩石雕凿痕迹的客房区走廊，并排设置半独立式房间，房里摆着床铺

的房间比较好。

我当然是毫不犹豫地就决定前往别馆睡觉。

由本馆搭车前往，打开通往岩山的门，率先映入眼帘的是无论墙壁还是天花板都是木质的通道。通道设有柜台，继续往前走就来到随处可见岩石雕凿痕迹的走廊。或许是心理作用吧，总觉得空气咸咸的。试着舔一下墙壁，发现真的很咸，果然是岩盐。

进入到最里面，就看到并排设置了许多半开放式的房间。房间与房间由格子状墙壁区隔开来，天花板与地板则毫无遮挡，隔壁房间的声音听得一清二楚。区隔成半开放式房间的主要目的是，希望岩盐释放入空气中的有效成分能够充分散发到每一个床铺。

我没有气喘病，不知道是否有效，不过或许是心理作用，一觉醒来就发现呼吸变得更顺畅，心情倍感轻松。

起床后可以到洞窟里的吧台喝红茶，再搭车回到本馆吃早餐。

纳希契凡的冬天气温会下降至冰点以下，夏天气温会超过35℃，洞窟内气温则维持在18℃~20℃，湿度介于35%~50%，是一年四季都很舒爽的环境。因此，暑假期间就会看到邻国土耳其人携家带眷前来避暑兼治疗气喘的盛况。

金色水滴

纳希契凡共和国位于阿塞拜疆共和国飞越邻国亚美尼亚的地方，据说这处飞地也难以避免地出现世界各国常见的邻国之间的纷扰。阿塞拜疆人民以伊斯兰教信徒占绝大多数，亚美尼亚则是信奉基督教的国家。纳希契凡共和国的宗教、种族与政治问题盘根错节，综观过去历史，统治权就曾数度易手落入不同的国家，目前为阿塞拜疆共和国的领土。

纳希契凡共和国属于飞地（纳希契凡自治共和国现在是属于阿塞拜疆的飞地），其地理位置对阿塞拜疆共和国而言至关重要。阿塞拜疆的第三任总统盖达尔·阿利耶夫（Heydar Aliyev）就是纳希契凡共和国出身，2003年去世，现任总统伊利哈姆·阿利耶夫（Ilham Aliyev）是他的儿子。民主国家的国家元首采行世袭制

纳希契凡的红酒——"金色水滴"

度的情形并不少见，由于这层关系，前总统盖达尔·阿利耶夫直到现在都还深受国人的尊敬。

纳希契凡为飞地，因此由阿塞拜疆首都巴库前往必须搭飞机，但由日本前往时不需要经过巴库。土耳其的伊斯坦堡有直航班机定期飞往纳希契凡。

阿塞拜疆是伊斯兰教信徒较多的国家，但不知道为什么，认为饮酒可以的人非常多。所谓的Halal（注），其实还是因人而异，因国家而不同。

纳希契凡的当地人会自己酿造葡萄酒，也经常喝酒，当地的葡萄酒便宜又好喝。就我喝过的葡萄酒而言，我认为名为Qizil Damla的葡萄酒最好喝。该葡萄酒名称的意思为"金色水滴"。日本很难买到，到了当地一定要喝喝看哦！

注：Halal：中文一般称为"清真"，阿拉伯语意思为合法、许可。规范的范围包括食物、言行等日常生活中的所有事物。

专栏 4　间谍的故乡

　　21世纪，世界上经济最活跃的地方到底是哪一座城市呢？立即浮现在您脑海中的或许是迪拜或上海吧！我却认为，目前世界上经济最活络的城市应该是阿塞拜疆的首都巴库。

　　因为经济最活络的城市才可能打造最豪华的观光设施与饭店，巴库正好符合这种条件。

　　最具该象征的就是火焰塔（Flame Towers），高约190m的高层建筑群，由办公室、高级住宅、饭店等楼栋构成。2007年开始建设，2012年落成启用。

　　最大特色是外墙上覆盖着液晶面板，可显示各式各

光彩夺目、充满神秘感的火焰塔

样的图案，华灯初上时显示出来的影像像极了随风闪烁的红色火焰，火焰（Flame）塔就是因此而得名。显示出来的影像千变万化，既可显示出由三种颜色构成的阿塞拜疆国旗，还可显示出国人挥舞着国旗的画面。

洛克菲勒与诺贝尔、佐尔格的错综复杂关系

巴库不是新兴的泡沫经济都市。百余年前，这个产油国家就是资本家势力相互倾轧的地方。不管过去还是现在，阿塞拜疆都是一个与石油息息相关的国家。

19世纪后半期，美国的洛克菲勒引燃的石油产业近代化风潮，一直延烧到阿塞拜疆的巴库，外国人主导的石油开发计划陆续展开，后来连设立诺贝尔奖的瑞典人阿尔弗雷德·诺贝尔（Alfred Nobel）都进军巴库。20世纪初，包括诺贝尔兄弟石油公司在内，巴库的石油产量就占了全世界产量的1/2。

令人遗憾的是，1920年遭到俄国革命波及，诺贝尔兄弟石油公司因革命势力而国有化。

最有趣的是，据说诺贝尔家族事业国有化之前，诺

由火焰塔的高楼层
眺望里海的美丽景致

巴库近郊的火焰山（Yanar Dag），
因释出地面的石油与天然气而自然引发的大火

贝尔兄弟石油公司的股票早就卖给了洛克菲勒领军的标准石油（Standard Oil）公司，诺贝尔家族资产因此得以保全。

其次，据说阿尔弗雷德·诺贝尔去世后，他名下股票的所得款项就成了诺贝尔奖奖金的一部分。

佐尔格生长的故乡

历史上，巴库与日本的关系至为深远，因为巴库是佐尔格的故乡。

佐尔格是第二次世界大战期间活跃于日本的苏联间谍，1941年10月与朝日新闻记者尾崎秀实等人因疑似违反日本国防保安法、治安维持法等规定而遭逮捕，于世界大战结束前一年的1944年11月，在日本的巢鸭拘留所被判处死刑。

佐尔格的嫌疑是强迫尾崎秀实交出1941年7月2日的"御前会议"内容，电报通知莫斯科当局。御前会议是指第二次世界大战前，日本天皇依宪法临席决定重要国策的会议，而该次御前会议的重要决策为"当时日本不参与苏德战争"。

苏联领导人斯大林因佐尔格打的电报而得知日方决策，确定日本不会由东边加入战局后，将东边的军队派往西边，集中火力对抗德国。换句话说，佐尔格窃取了攸关苏联胜败的重要情报。

佐尔格生于巴库，与诺贝尔息息相关。佐尔格的父亲为德国人，母亲为俄罗斯人。佐尔格的父亲威廉（Wilhelm）为开采石油的工程师，因诺贝尔兄弟石油公司高薪聘请而前往巴库。

后来，佐尔格父亲举家搬回德国，佐尔格成为一位兴趣、关注、思想都很特别的年轻人。回国后先加入德国共产党，继而加入苏联共产党，因而搬家住到莫斯科。

思想与行动都特立独行的间谍佐尔格，从出生背景中就能看出与巴库石油、洛克菲勒与诺贝尔的深厚关系。

巴库佐尔格公园内的纪念碑，
1964年经苏联政府认定恢复名誉后设置

179

第 7 章

Caesars Palace
Crockfords Club

贵族的赌场

世界第一座IR "沙漠中的别墅"

凯撒皇宫大饭店
（拉斯维加斯）
Caesars Palace
（Las Vegas）

Integrated Resort一词缩写为IR，意思为"综合型度假村"，指由赌场以及兼具MICE（会议、企业奖励与研修旅行、国际会议、展览会等之总称）、娱乐、餐饮、购物商场等功能的度假村。

IR即将解禁，2014年秋天，这个话题在日本也喧腾一时，因此我也立即针对世界上的IR进行过采访。

最先想到的是造访IR的发源地。但"世界第一座IR到底在哪里呢？"关于这个问题众说纷纭，浮现在我脑海中的是非洲的太阳城、马来西亚的云顶高原、美国的拉斯维加斯。广泛采访过后，我终于了解到，世界上第一座IR应该是拉斯维加斯的凯撒皇宫大饭店。

赌城

让我感到非常意外的是，答案并不是从凯撒皇宫大饭店重要人物口中得知，而是来自拉斯维加斯的其他赌场公司重镇。凯撒皇宫大饭店宣传单位的说法是"据说凯撒皇宫大饭店是世界第一座IR"，过了几星期后告诉我："的确如先前所言，本饭店将为您寄上参考书籍。"结果寄来名为《Grandissimo: The First Emperor of Las Vegas》的书籍（日经BP社曾译为《The Casino City》后出版）。

以下就参考该书籍内容，为您介绍堪称世界第一座IR的凯撒皇宫大饭店的创业故事。

凯撒皇宫大饭店于1966年开业，当时拉斯维加斯有非常多的赌场饭店，但只有赌场与饭店，并不具备其他要素，与IR根本是截然不同的设施。杰伊·沙诺（Jay Sarno）打造的凯撒皇宫大饭店除了赌场与饭店外，是并设音乐厅、夜总会、大型购物中心的世界第一座IR。

事实上，杰伊·沙诺会进入赌场赌博，却不是出身于赌场业界。他生于贫困家庭，靠兄弟提供经济上支援，才能顺利地读完大学，毕业后，数度与学生时期的好友一起挑战风险事业都没有成功。

36岁时，他终于成功打造了亚特兰大卡巴纳汽车旅馆（Atlanta Cabana Motel），而且将该旅馆经营得有声有色。

该饭店为什么大受欢迎呢？原因在于设计。

第一家饭店大获成功的原因在于"新巴洛克风格"

杰伊决定打造充满"新巴洛克风格"的饭店。

当时，他找到风靡一时的莫里斯·拉彼德（Morris Lapidus），也就是负责迈阿密的枫丹白露（Fontainebleau）与伊登罗克（Eden Roc）等超人气饭店的知名设计师，杰伊委托对方设计崭新的饭店却遭到拒绝。因此，他决定模仿对方的设计，于是建盖了亚特兰大卡巴纳汽车旅馆。杰伊模仿的拉彼德设计就是新巴洛克风格。

新巴洛克风格是19世纪中叶法国拿破仑三世时代再度兴起的巴洛克式建筑风格（拿破仑三世已于皇宫饭店单元中介绍过），现在的卢浮宫博物馆（卢浮宫新馆）就是最典型的新巴洛克式建筑风格，由意大利巴洛克风格的雕塑墙面与折线形屋顶（屋顶上部的坡度平缓，下部陡峭的折腰式屋顶）组合而成。

该新巴洛克风格被当时的美国人所喜爱。

事实上，那是受到第二次世界大战的影响。

坦白说，世界上再也找不到像美国人这样对世事这么漠不关心的国民。即使现在，一辈子未曾出国旅行的人据说还占半数以上。第二次世界大战前该情形更明显，因为美国人本来就对国外的事情没兴趣。

但第二次世界大战爆发后，美国的新闻媒体夜以继日地报导欧洲等国家的战争消息，过去毫无兴趣的美国人似乎开始对国外产生了兴趣。

罗马式建筑风格的游泳池

"拉斯维加斯没有一家像样的饭店"

杰伊在亚特兰大打造了广受欢迎的饭店，成为一位非常成功的生意人后，1963年来到拉斯维加斯赌场饭店之一的佛朗明哥（Flamingo）饭店。佛朗明哥饭店听说杰伊是一个"赌性坚强的人"，因此决定邀请杰伊前来。杰伊接受邀请，第一次来到拉斯维加斯的感想是"拉斯维加斯的赌博事业确实很兴盛，但盛况并没有超乎自己的想象，因为整个拉斯维加斯没有一家像样的饭店"。当下就认为"我一定要在拉斯维加斯打造令人刮目相看的饭店"。

那么，杰伊到底想在拉斯维加斯打造什么样的饭店呢？打造新巴洛克建筑风格的饭店吗？事实上他并没有这么做。杰伊想打造的是Greco Roman（希腊罗马式建筑风格）的饭店。

杰伊为什么想打造希腊罗马式建筑风格的饭店呢？

因为，追溯至1951年，电影《Quo Vadis》（《暴君焚城录》）曾经风行美国，是波兰作家亨利克·显克维支（Henryk Sienkiewicz）以西元1世纪的罗马帝国为舞台撰写的历史小说拍摄的电影。顺便一提，Quo Vadis一词拉丁语意思为"该往何处去"，是《新约圣经》"约翰福音注释"第13章第36节"最后的晚餐"中，彼得问耶稣的一句话。

其次，1959年《Ben Hur》（《宾汉》）电影也非常卖座，描写的是罗马帝国时代的犹太人与贵族宾汉的人生。

继而，1962年名为《A Funny Thing Happened on the Way to the Forum》（《春光满古城》）的百老汇歌舞剧，据说花了4400万美元的史上空前的制作费。

这些现象简单地来说，都是20世纪50年代到60年代前半希腊罗马式建筑风格在美国大为盛行的主要原因。

"让住过的人再也不想住进别家饭店"
而建盖这么了不起的饭店

杰伊想出以既是罗马时代的知名政治家又是军人的"凯撒大帝"为题材打造休闲度假村的创意构想，以园区内提供美国最美味料理的餐厅、美国最好玩的游乐设

照亮拉斯维加斯的凯撒皇宫大饭店

施、美国最豪华客房的"沙漠中别墅"为目标，决心打造一家非常了不起的饭店，让住过的客人再也不想住进别家饭店。

1966年凯撒皇宫大饭店开张营业，除豪华的饭店与赌场外，还并设800个座位的Circus Maximo音乐厅，以及夜总会、大型购物中心，构成世界上第一个综合型度假村。

IR从此越发蓬勃发展。

克洛克福兹
俱乐部
（伦敦）
Crockfords Club
（London）

世界最古老
隐密的豪华
赌场俱乐部

　　我不会自己一个人进赌场赌博。因为我认为人生就像是一场赌局，这已经足够了。

　　但回头想想，一个人若一辈子都没有进过赌场那又有点遗憾，因此十多年前我曾前往澳门，换了大约5000日元的筹码，玩过轮盘与黑杰克（俗称21点）。5000日元一下子就只剩下2000日元，好不容易又赢回到5000日元时，我终于松了一口气，决定不再继续。那是就概率而言，绝对是赌客输钱的游戏，当然不可能赢钱，千万不能抱持着"我和别人不一样"的心态，因此我对赌博丝毫没兴趣。

就我的记忆，换5000日元筹码的那一次赌博，应该是"永利"赌场在澳门开张时，一位中国籍朋友声称要免费招待我而成行。那一趟行程除了我之外，受邀前往的另外几位日本人都是High Roller（豪客。花几千万日元的人还不足以称为豪客），都是嗜赌如命的人。

当时因为无知什么都不懂，现在回想起来，招待我的那位朋友应该是赌场的掮客。掮客是指把下注高额资金的赌客奉为上宾带到赌场里赌博的人。掮客把赌客带进赌场后，负责帮赌客垫付赌资，或赌客赌输时负责回收垫付的款项，以赚取佣金。

豪华气派的建筑物鳞次栉比的区域

"伦敦有非常隐密的豪华赌场俱乐部，下次去伦敦时想不想去逛逛？我帮您介绍那里的赌场经理。"面对一个完全不赌博的我，那位朋友为什么会这么说呢？"我不赌博。"一听到我这么说，对方马上接着说："不赌博也没关系，那里的餐厅提供的餐点很美味，就当去吃顿饭吧！到时候我会去机场接您。"

韦奇伍德（Wedgwood）的天花板
© Crockfords Club

有一次，行程中正好有机会在伦敦逗留半天。那是一趟从迈阿密飞往伦敦希思罗机场（Heathrow Airport）后，接着搭乘当天的晚班飞机由希思罗机场飞往南非约翰内斯堡（Johannesburg）的行程。那一天我正好白天有空，所以就联络了那位朋友，结果对方的回应是："抱歉，我正好不在那里，不过我已经交代过，一定要好好地招待您，希望您玩得尽兴。"前来接机的是黑色大型豪华轿车，接我前往的目的地是伦敦市中心大使馆林立、环境非常幽静的梅费尔（Mayfair）地区。

并排建盖的宏伟建筑之一就是名叫克洛克福兹俱乐部（Crockfords Club）的豪华赌场俱乐部。从建筑外观上一点也看不出是赌场，内部装潢看起来比较像高级餐厅。赌场经理引领我进入馆内，那是一个和拉斯维加斯、澳门赌场截然不同的世界。

工作紧张忙碌的商务人士
出差时顺道造访的地方

进出这家赌场的人听说都是工作紧张忙碌，不希望

圆形餐厅
© Crockfords Club

197

别人看到或知道自己出入赌场的人。中东、中欧或印度等地的商务人士到伦敦出差时据说都会顺道前往。希望更多观众看到而成为话题焦点的好莱坞明星或运动员等则不会出入这类赌场。

赌客进入这类赌场后基本上都是在包厢里，与发牌员（庄家）对赌，不需要顾虑别人的眼光，全部精神都能投注在赌局上，也可与其他赌客一起下注，但通常都是少数人。我造访该赌场时，下注项目以轮盘、黑杰克、扑克牌为主。

克洛克福兹俱乐部是1828年威廉·克洛克福德（William Crockford）专为王公贵族与外交官等量身打造，是隐密性极高的豪华赌场俱乐部，这或许就是赌场开在大使馆林立的梅费尔地区的原因。这是世界上最古老隐密的豪华赌场俱乐部，目前是马来西亚经营赌场生意的云顶集团旗下赌场。

"赌场里有伦敦最美味的异国美食"

听过赌场经理的说明后，我跟着来到餐厅。菜单就能反映出客层，这里除欧洲料理外，还包括中东、印度、中欧等特色美食。近年来，中华料理似乎也加入了。据赌场经理表示"这里有伦敦最好吃的异国美食"，神情中明显看出赌场方面很有自信能够满足最讲究饮食的赌客味蕾。

我非常喜欢吃中东料理，因此点了小扁豆汤与Kofte（状似小羊肉Kebab的料理）。美味程度让人不敢相信自己是在伦敦的餐厅里享用着那道美食。

革命家的咖啡厅

当贵族们沉迷于豪华赌场俱乐部里的赌局时，革命家们正在咖啡厅里绞尽脑汁地增进与伙伴之间的革命情感。

1911年在苏黎士开业的欧迪恩咖啡厅（Cafe Odeon），就是成立俄罗斯苏维埃联邦社会主义共和国的列宁（Lenin）、后来成为意大利总理的墨索里尼（Mussolini）、指挥家托斯卡尼尼（Toscanini）、完成相对论的爱因斯坦（Einstein）等人经常前往的咖啡厅。瑞士为永久中立国，因此战争期间陆续有革命家、大富豪、罪犯等各种身份的人从欧洲各地来到这个国家。

　　据说列宁为俄国革命奔走前就经常出入欧迪恩咖啡厅，与达达主义（Dadaism）创始人特里斯唐·查拉（Tristan Tzara）的感情最深厚。

达达主义

　　达达主义为特里斯唐·查拉（Tristan Tzara）在苏黎士展开的反艺术运动。接下来就参考《Monsieur Antipyrine宣言》（光文社古典新译文库），进行达达主义相关说明吧！

　　达达主义创始人特里斯唐·查拉于1915年，即他19岁的时候，为了就读大学从祖国罗马尼亚来到苏黎士。

　　第二年，也就是1916年，德国反战诗人雨果·巴尔（Hugo Ball）为了逃避兵役也来到苏黎士，开了一家酒吧，取名伏尔泰酒馆（Cabaret Voltaire）。店名伏尔泰源自于曾留下"我不同意你的观点，但我誓死捍卫你说话的权利"至理名言的法国哲学家的名字。据说当初雨果开酒吧，以敌国法国的人权思想家的名字为店名，

是想表达反战的意思。查拉经常进出伏尔泰酒馆，在那里演奏音乐和舞曲，将当时的吵闹喧嚣状况命名为"达达"。达达一词法语意思为"旋转木马"，据说是查拉将拆信刀随意插入法语字典后，从翻开的页面上找到的。

1916年7月14日，法国革命纪念日的那天晚上举办了名为"达达之夜"的聚会，会中查拉发表"达达是我们的坚忍不拔精神""未来我们将以更多样化的恶搞方式加以对抗"等内容的《Monsieur Antipyrine宣言》。

据说列宁就是在当时的伏尔泰酒馆认识查拉的。列宁住处距离酒馆不远，走路一两分钟即可到达。后来，两个人就在住家附近的欧迪恩咖啡厅成了莫逆之交。

俄国大革命

列宁于1870年生于俄罗斯，受到父亲的影响，对于贫困等社会问题产生浓厚兴趣，大学时期广泛阅读卡尔·马克思（Karl Marx）著作，成为一位积极推行马克思主义理念的人。25岁时遭逮捕，被判刑流放西伯利亚。于1900年服刑期满，也就是30岁时离开俄罗斯，继续在伦敦与苏黎士等欧洲地区展开活动。

1917年列宁47岁时，俄国大革命（二月革命）爆发。当时列宁人在苏黎士，后来在德国政府的协助下，搭乘封闭火车（中途禁止上下乘客的火车）回到俄国。回国后随即在彼得格勒（现为圣彼得堡）进行题为《论无产阶级在这次革命中的任务》的报告，又称《四月提纲》（因为四月份发表）。

该报告是以推翻帝国主义、建设社会主义社会为终极目标，以对抗临时政府、主张立即停战、权力集中于苏维埃为短期目标。苏维埃（Soviet）一词俄语意思为"会议"。当时以"一切权力回归苏维埃"的标语最出名。

列宁事后才匆匆赶到，但确实发挥了领导能力，引发名为"十月革命"的武装政变后掌握权力。11月即以苏维埃军事革命委员会名义发表声明，成立俄罗斯苏维埃联邦社会主义共和国。7年后，即1924年与世长辞。

目前，伏尔泰酒馆只有外观上能够继续维持，实质上已经完全改观，但还是以达达发祥地为卖点继续营业中。欧迪恩咖啡厅地点不变，和当时一样，还是继续开着咖啡厅。

　　我曾造访过欧迪恩咖啡厅，边点咖啡，边问店内人员："列宁曾坐过哪个位置？"得到的答案是："列宁坐的位置已经不存在。咖啡厅规模只剩下当初的一半，另一半空间开了药局，应该是坐那边。"让我失望极了。

马克思之墓

　　列宁最崇拜的马克思被誉为"20世纪最具影响力的人"。的确，自战后的冷战时期至今，谈到世界局势就不能不提到马克思。

　　马克思于1818年生于现在的德国，大学时主修法律、黑格尔（Hegel）哲学，立志成为大学教授，但并未实现梦想。以杂志、新闻记者、总编辑等工作糊口，但刊物都遭到废刊，落得必须靠朋友与家人接济才能过活。1849年，马克思31岁时远渡重洋前往伦敦。在伦敦期间几乎天天前往大英博物馆，在博物馆里阅读与执笔撰稿。1866年，48岁时出版第一部《资本论》。尔后将时间都花在共产主义运动上，1883年，65岁时离开人世。

　　马克思之墓位于伦敦北部的海格特墓园（Highgate Cemetery）内，搭乘伦敦的北线地下铁，在Archway站下车，经过医院旁的坡道，10分钟左右即抵达华特洛公园（Waterlow Park），穿过公园就是海格特墓园。墓园分成东、西两侧，马克思之墓位于东侧。虽然是墓地，进入时必须购买门票，我造访时票价为4英镑。

　　马克思的墓碑上方用大字雕刻着当时的口号"全世界的无产阶级团结起来"。下方雕刻"哲学家们只是用不同的方式诠释世界，而重点在于改变世界"的"费尔巴哈（Feuerbach）相关提纲"等字句。

位于伦敦北部
墓园里的
马克思之墓

WORKERS OF ALL LANDS
UNITE

KARL MARX

JENNY VON WESTPHALEN,
THE BELOVED WIFE OF
KARL MARX.
BORN 12TH FEBRUARY 1814.
DIED 2ND DECEMBER 1881.

AND KARL MARX.
BORN MAY 5TH 1818. DIED MARCH 14TH 1883.

AND HARRY LONGUET.
THEIR GRANDSON.
BORN JULY 4TH 1878. DIED MARCH 20TH 1883.

AND HELENA DEMUTH.
BORN JANUARY 1ST 1823. DIED NOVEMBER 4TH 1890.

AND ELEANOR MARX, DAUGHTER OF KARL MARX
BORN JANUARY 16TH 1856. DIED MARCH 31ST 1898.

THE PHILOSOPHERS HAVE ONLY
INTERPRETED THE WORLD IN
VARIOUS WAYS · THE POINT
HOWEVER IS TO CHANGE IT

图书在版编目（CIP）数据

欢迎光临世纪经典度假村 /（日）石井至著；林丽
秀译. — 北京：北京联合出版公司，2017.1
ISBN 978-7-5502-9536-0

Ⅰ.①欢… Ⅱ.①石… ②林… Ⅲ.①旅游度假村－
介绍－世界 Ⅳ.①F591

中国版本图书馆CIP数据核字（2017）第009918号

著作权合同登记图字：01-2017-0469

欢迎光临世纪经典度假村

作　者：（日）石井至
译　者：林丽秀
选题策划：多采文化
责任编辑：管　文
装帧设计：水长流文化
策划编辑：于晓艳

北京联合出版公司出版
（北京市西城区德外大街83号楼9层　　100088）
北京艺堂印刷有限公司印刷　　新华书店经销
字数220千字　　880毫米×1230毫米　　1/32　　7印张
2017年3月第1版　　2017年3月第1次印刷
ISBN 978-7-5502-9536-0
定价：69.80元